성경은 부가 기만적(deceitful)이라고 들려준다(마 13:22). 깨끗하고 떳떳한 내 몫의 '부'(富)가 가능하다고 생각할 때, 우리의 영적 행보는 이미 '넓은 길'에 들어서기 시작한 것이다. 돈이 곧 영적 문제이고 가난의 문제가 신앙의 중심에 있음을 간파하지 못한다면, 우리의 영성은 위태한 유아기 상태에 머무르기 쉽다. 이 책은 인간의 부패한 본성을 물질을 통해 집요하게 농락하려는 죄의 책략을 정밀하고도 감동적으로 드러내 보여준다. 시대와 자신을 복음에 비춰 정직하게 대면하려는 그리스도인이라면 반드시 읽어야 할 '아픔의 책'이다.

-고세훈(고려대 경상대학 교수)

● ● ●

이 책은 돈, 재물에 대해서 최근에 출간된 어떤 기독교 서적보다 더 급진적이다. '깨끗한 부'란 불가능하며 부는 그 자체로 믿음에 해롭다는 것이다. 성경적으로나 신학적으로 설득력이 있고 매우 잘 쓰여진 책이다. 돈 욕심이 조금이라도 있는 사람이 '위로'를 얻기 원한다면 이보다 덜 철저한 책을 찾아보아야 할 것이다. 돈보다 바른 신앙 생활에 관심이 더 많은 사람만 읽기 바란다. -손봉호(서울대 사회교육학과 교수)

자본주의와 밀착되어 있는 한국 교회는 소유욕과 신앙 사이에서 아슬아슬한 줄타기를 하고 있다. 그러면서도 그것이 위험한 일인 줄조차 모르고 있다. 이 책은 그러한 그리스도인의 이중적 태도를 향해 시원하고 분명한 메시지를 전하고 있다. 현실을 무시한 채 좋은 말만 꾸미는 것이 아니라, 우리 주변에서 일어나는 일들을 바탕으로 쉽게 접근하면서도 여러 이론적 지식을 활용하여 설득력을 더해 준다. 만만치 않은 세상, 그 세상이 부추기는 소유욕을 넘어서 그리스도인의 자유를 얻을 수 있는 길, 저자의 성실한 글쓰기가 우리를 그 길로 안내한다.

— 양명수(이화여대 기독교학과 교수)

• • •

저자는 위대한 하나님의 씨름꾼 야곱과 같은 열정으로 '깨끗한 부'(淸富論)라는 허구를 보기 좋게 무너뜨리고, '영성적 가난'과 '영성적 나눔'이라는 예수님의 종지(宗旨)를 해박한 성서학자의 시각과 집요하고 성실한 탐구로 이 책 속에 담아냈다. 영혼의 순금(純金)을 캐려는 맑은 성품, 자기 변혁의 끝없는 열망, 속화된 기독교의 허위를 꿰뚫는 날카로운 예언자적 통찰이 없었다면 이런 멋진 신학 작업이 불가능했으리라. 이 책은 '천박한 부'에 눈먼 오늘의 그리스도인들을 깨어나게 하고, 거룩한 삶의 비전을 볼 수 있는 눈을 활짝 뜨게 해준다.

— 고진하(목사, 시인)

바늘귀를 통과한 부자

|김|영|봉|지|음|

IVP

IVP(InterVarsity Press)는
캠퍼스와 세상 속의 하나님 나라 운동을 지향하는
IVF(InterVarsity Christian Fellowship)의 출판부로서
생각하는 그리스도인을 위한 문서 운동을 실천합니다.

삶의 모델이 되어 주신
은사 김득중 교수님과 김부용 사모님께
이 책을 바칩니다.

지금 막 태어난 나의 작품이여
가거라 네바 강변으로.
가서 영광의 보상을 얻어 다오,
왜곡된 해석과 소동과 비난을!

— 알렉산드르 푸슈킨, 「예브게니 오네긴」(열린책들).

차례

시작하는 말: 부를 누리는 그리스도인은 깨끗할 수 있는가? • 11

제1부 돈에 대한 반듯한 생각

1. 돈: 마음을 지배하는 것이 인생을 지배한다 • 23
2. 부: 부는 진리를 못 보게 한다 • 33
3. 가난: 가난을 추구함으로 가난을 치유한다 • 47
4. 복: 쌓음이 아니라 나눔에 있다 • 61

제2부 욕망으로부터 자유한 삶

5. 욕망: 욕망은 치료하고 다스릴 대상이다 • 75
6. 기도: 기도의 본질은 자신을 비우는 데 있다 • 87
7. 자유: 자유는 섬김으로 완성된다 • 97
8. 절제: 절제는 성령의 열매다 • 107

제3부 나눔으로 풍성한 행복

9. 절약: 그리스도인은 영원한 오늘에 산다 • 121
10. 나눔: 혼자만의 행복은 없다 • 135
11. 행복: 소유가 아니라 존재요 관계다 • 143

제4부 하나님의 의를 이루는 섬김

12. 직업: 모든 직업은 성직이다 • 155
13. 섬김: 군림이 아니라 섬기는 능력을 구한다 • 165
14. 정의: 실력대로 차지하는 것이 항상 정의는 아니다 • 177

제5부: 세상을 바꾸는 참된 힘

15. 힘: 약한 것이 강한 것을 이긴다 • 191
16. 변혁: 사회 체제에 순응하는 복음은 죽은 것이다 • 205
17. 실천: 주님은 삶의 모든 영역에 관심을 가지신다 • 215

마치는 말: 누가 바늘귀를 통과할까? • 227
주 • 237
참고 도서 • 245

시작하는 말: 부를 누리는 그리스도인은
깨끗할 수 있는가?

찬양의 공격을 받다

예전에 내가 섬기는 교회에서 봉헌 찬양을 부탁받은 적이 있다. 곡을 고르던 중 평소에 좋아하던 송명희 시, 최덕신 곡의 "나"를 택했다. 가사도 좋고 곡도 내가 부르기에 적당했기 때문이다. 처음에는 별 생각 없이 연습했다. 몇 번인가 불러보다가 한순간, 나는 노래 가사의 '공격'을 받고 무릎을 꿇었다. 뇌성마비 시인 송명희 씨의 시는 다음과 같다.

나 가진 재물 없으나
나 남이 가진 지식 없으나
나 남에게 있는 건강 있지 않으나
나 남이 없는 것 있으니

나 남이 못 본 것을 보았고
나 남이 듣지 못한 음성 들었고
나 남이 받지 못한 사랑 받았고
나 남이 모르는 것 깨달았네.

공평하신 하나님이
나 남이 가진 것 나 없지만
공평하신 하나님이
나 남이 없는 것 갖게 하셨네.

 사연을 말하자면 이렇다. '나 가진 재물 없으나'라는 소절을 부르는데 마음에서 '너에게 재물이 없다고? 그 정도면 많은 것 아니냐?'라는 소리가 들렸다. '나 남이 가진 지식 없으나'라는 소절을 부르니 '아니, 박사 학위까지 받은 사람이 그런 말을 할 수 있느냐?'라는 소리가 들렸다. '나 남에게 있는 건강 없으나'라는 소절에 이르니 '그만하면 건강한데 무슨 소리냐?'라는 음성이 들렸다. 도대체 나에게 맞는 내용이 하나도 없었다. 내가 이 노래를 부르면 정작 그런 상황에 있는 분들을 모욕하는 게 아닐까 하는 생각이 들었다.
 그래서 가사를 이렇게 바꿔 보았다.

나 가진 재물 조금 있으나
나 남에게 없는 지식 조금 있으나
나 남에게 있는 건강도 있으나
나 남이 없는 것도 있으니

나 남이 못 본 것을 보았고
나 남이 듣지 못한 음성 들었고
나 남이 받지 못한 사랑 받았고
나 남이 모르는 것 깨달았네.

이렇게 바꾸니 어느 정도 내 상황에 맞았다. 그런데 그 다음이 문제였다. 나에게 하나님은 '남에게 있는 것'도 갖게 하셨고 '남에게 없는 것'도 갖게 하셨으니, 그것을 두고 '공평하신 하나님이 그렇게 하셨다'고 말할 수가 없었다. 송명희 시인 같은 분들이 나를 본다면 하나님은 불공평하신 분이라고 말할 것 같았다.

남에게 '없는 것'과 '있는 것'을 나는 모두 가지고 있다는 사실을 깨닫자 왠지 감사와 찬양보다는 부끄러움과 죄스러움이 마음에 가득 찼다. 영적 보화를 선물로 받은 내가 물질적인 것까지 마음껏 누린다면 나로 인해 하나님이 불공평한 분으로 오인될 것만 같았다. 남이 가진 것도 넉넉히 가졌고 남에게 없는 것까지 모두 가진 나 자신이 '복덩이'가 아니라 '욕심덩이'라는 생각이 들었다. 나는 하나님 앞에서 깊이 회개하고 곡을 바꿨다. 그 후로 나는 그 찬양을 부르지 못한다.

부르심, 그 고귀한 소명

나는 이 책에서 앞에서 말한 '이상한 죄책감'의 정체를 탐구하고자 한다. 이 감정이 한국 교회의 지배적 정서에서는 '건강하지 않은' 것으로 간주될 수 있음을 알고 있다. 전반적으로 한국 교회는 물질이고 현세적인 번영을 신실한 성도에게 주시는 하나님의 복으로 여겨 왔다. 반면 가난하고 병들고 실패하는 것은 믿음이 부족하기 때문에 혹은 죄를 지었기 때문에 받은 재앙으로 취급되었다. 이런 시각에서 본다면, 나는 괜한 죄책감을 가진 것이다. 오히려 '보라, 잘 믿었더니 이렇게 복을 받았다'고 간증하는 것이 옳다. '왜 하나님의 복을 부끄러워하는가?'라고 나를 꾸짖고 싶은 사람들이 꽤 많을 것이다.

이러한 분위기는 최근 더욱 고조되고 있다. 이상하게도 기독교 서점가에 '돈' 혹은 '부자'에 관한 책들이 한꺼번에 쏟아져 나오고 그 중 많은 책들이 베스트셀러가 되고 있다." 아마도, 일반 서적 베스트셀러 목록에 '부자 되는 법'에 관한 책들이 지속적으로 올라 있는 사회적 현상과 무관하지 않을 것이다. 지금 우리 사회에는 '부자 되는 것'을 생의 가장 중요한 목표로 여기는 풍조가 만연해 있다. 가히 '부 권하는 사회'라 할 만하다. 기독교 출판계도 이 풍조에 영향을 받고 있는 셈이다.

전체적으로 볼 때 이 책들은 비슷한 입장을 공유하고 있다. 그 입장을 '기독교 청부론(淸富論)'이라고 부를 수 있는데, 조금 단순화하면 요점은 다음과 같다.

그리스도인이 정당하게 돈을 벌고 그 수입에서 하나님의 몫과 다른 사람의 몫을 정직하게 떼고 나면 그 나머지를 마음껏 누릴 권리가 있다. 돈을 버는 과정에서 깨끗하고, 수입에 대한 몫 가르기에서 깨끗하면, 나머지 돈에 대해서도 '깨끗하다'(더 이상 책임이 없다). 이런 과정을 통해 그리스도인들이 물질적인 풍요를 누리는 것이 하나님의 뜻이다. 그러니 부자 되기를 부끄러워하지 말라. 당당히 부자 되기 위해 힘쓰고, 떳떳하게 누려라.

나는 이것이 진리로 통하는 우리 상황을 매우 염려한다. 왜냐하면 하나님이 우리를 부르신 소명에 대해 생각하면 할수록 '깨끗한 부자' 되는 것이 생의 목표가 될 수 없음을 확인하기 때문이다. 하나님은 우리를 '부유한 삶'이 아니라 '거룩한 삶'으로 부르셨다. 거룩한 삶이 언제나 부유한 삶과 일치하는 것은 아니다. 하나님은 우리가 받은 모든 것을 사용하여 거룩한 삶으로의 부르심을 완성하기를 원하신다. 그렇기 때문에 하나님의 부르심은 전면적이고 철저하다. 그것은 우리 삶의 모든 영역에 대한 부르심이다.
'소명'에 대한 오스 기니스(Os Guinnes)의 정의는 이 점을 분명하게 밝힌다.

소명이란 하나님이 우리를 그분께로 부르셨기에 우리의 **존재 전체**, 우리의 **행위 전체**, 우리의 **소유 전체**가 특별한 헌신과 역동성으로 그분의 소환에 응답하여 그분을 섬기는 데 투자된다는 진리이다.[2]

인용문의 강조 부분은 내가 한 것이다. 이 정의에서 가장 중요한 핵심은 '전체'라는 말에 있다. 우리는 삶의 모든 영역에서 하나님의 부르심을 생각하고 실천해야 한다. 하나님은 전체를 요구하시는 분이므로 부르심에는 만족점이 존재하지 않는다. 어느 정도 이루고는 '이만하면 됐다'(깨끗하다)고 생각하는 것은 옳지 않다. 목숨이 다하는 순간까지 만족이란 있을 수 없다. 우리는 부르심의 더 높은 경지에 이르도록 계속 정진해야 한다. 바울은 어떻게 말하는가?

내가 이미 얻었다 함도 아니요 온전히 이루었다 함도 아니라. 오직 내가 그리스도 예수께 잡힌 바 된 그것을 잡으려고 달려가노라. 형제들아 나는 아직 내가 잡은 줄로 여기지 아니하고 오직 한 일 즉 뒤에 있는 것은 잊어버리고 앞에 있는 것을 잡으려고 푯대를 향하여 그리스도 예수 안에서 하나님이 위에서 부르신 부름의 상을 위하여 달려가노라(빌 3:12-15).

이 글을 쓸 때 바울은 노년기에 있었다. 그의 영성과 인격은 완숙기에 이르렀을 것이다. 많은 사람들이 그를 보고 '저만하면 충분하다'고 생각했을 것이다. 그런데 바울 자신은 달리 말하고 있다. 하나님의 부르심에 한계란 없다! 부르심을 이루는 삶에서 만족이란 없다! 한없이 넓고 높은 부르심의 경지를 향해 주님이 주시는 힘으로 쉬지 않고 달려갈 뿐이다!

이렇게 고백한 후, 바울은 다음과 같이 덧붙인다. 의미를 좀더 잘 표현한 "표준새번역"으로 보자.

그러므로 누구든지 성숙한 사람은 이와 같이 생각하십시오. 여러분이 무엇인가를 달리 생각하면 하나님께서는 그것도 여러분에게 드러내실 것입니다. 어찌했든지, 우리가 어느 단계에 이르렀든지, 같은 길로 계속 나아갑시다(빌 3:15-16).

이 말씀을 뒤집어 말하면, 하나님의 부르심을 어느 영역에만 제한해서 생각하거나 어느 정도 이루었다고 해서 '충분히 했으니 이제 나는 자유롭다'고 생각하는 것은 '미성숙한' 것이다. 성숙한 사람은 바울처럼 아무리 높은 단계에 이르렀다고 해도 그

곳을 새로운 출발점으로 생각하고 계속 앞으로 나아가는 사람이다. 하나님의 부르심이란 이렇게 '전면적'이고 '무제한적'이고 '총체적'이다.

이런 점에서 보면, 기독교 청부론은 하나님의 부르심을 제한적으로 해석한 것임을 알 수 있다. 정직하고 정의롭게 살라는 부르심과 자신의 수입에서 다른 사람의 몫을 떼라는 부르심에 순종한 것은 잘한 일이다. 이 두 가지가 우리를 향한 하나님의 부르심에서 핵심에 속한다는 것은 틀림없는 사실이다. 그러나 부르심은 거기서 끝나지 않는다. 우리는 그렇게 하고 남은 돈에 대해서도 하나님의 부르심을 들을 수 있어야 한다. 그 전면적이고 무제한적인 부르심을 듣고 나면 '깨끗한 부자'가 목표가 아님을 깨달을 수 있을 것이다.

내가 "나"라는 찬양을 부르며 죄책감을 느낀 것은 하나님의 총체적 부르심을 나에게 편리하도록 축소시켜 왔음을 깨달았기 때문이다. 그 동안 내 삶의 과정은 청부론의 모델로 적당할 정도로 '복에 복을' 더해 왔다. 나는 별 생각 없이 그것을 누려 오다가 한 뇌성마비 장애인의 고백 앞에서 문득 진실을 깨달은 것이다. 이제 나는 이 책에서 그 이후에 깨달은 바에 대해 나누고자 한다.

글의 흐름과 성격

이 책은 전체 5부로 구성되어 있다. 앞에서 말한 대로, 경제 생활에 대한 하나님의 총체적 부르심을 포괄적으로 다루려다 보니, 주제가 17가지나 되었다. 이 주제들을 모두 만족스럽게 논의하는 것은 벅찬 일이었지만, 서로 분리할 수 없이 밀접한 연관성을 가지고 있기 때문에 다 다루게 되었다. 1부에서 5부까지의 흐름은 주제들의 성격에 따라 이론적인 주제에서 실천적인 주제로 그리고 개인적인 주제에서 사회적인 주제로 진행된다. 굳이 순서에 따라 읽지 않아도 되지만, 영성적 경제 생활에 대해 전반적으로 정리하기 위해서는 가급적 차례대로 읽는 것이 좋을 것이다.

나는 이 글이 몇몇 개인에 대한 공격이 되지 않게 하기 위해 '비판을 위한 인용'을 최대한 삼갔다. 독자들에게 분명히 하고 싶은 점은 내가 여기서 씨름하려는 대상은 청부론이라는 '사상'이라는 점이다. 이 글이 다른 사람을 공격하는 도구가 되지 않기를 바란다. 그러기 위해 논쟁적인 표현을 제거하기 위해 노력했다. 청부론의 논리를 소개하는 경우 청부론자들의 글을 직접 인용하지 않았기 때문에 그들의 책을 읽지 않은 독자들은 종종 '정말 그런가?' 하는 의문이 들기도 할 것이다. 그런 경우, 그들의 책을 직접 읽음으로써 스스로 답할 수 있기 바란다.

각 장의 마지막에는 '토론을 위한 질문'과 '성찰을 위한 질문'을 실었다. '토론을 위한 질문'은, 이 책을 그룹 스터디 교재로 사용할 경우 독자들의 이해를 더 심화시키고 구체화시키기 위한 것이다. '성찰을 위한 질문'은 각 개인이 자신을 좀더 구체적으로 검토하고 발전할 수 있도록 도울 것이다. 제기된 17가지의 문제들을 붙들고 씨름함으로 하나님이 부르신 삶으로 변화되는 것이 이 책의 목적이다. 각 장마다 제안한 참고 도서는 그 장에서 다룬 주제에 대해 더 깊이 탐구하도록 도와줄 것이다.

오늘의 이 글이 나올 때까지 도움을 주신 분들이 많다. 우선, 집중하여 이 글을 완성할 수 있었던 것은 나에게 연구년을 허락해 준 협성대학교와 교환 교수로 초청해 준 미국 드루대학교

(Drew University) 그리고 한 가족으로 맞아 준 뉴저지 만모스 은혜연합감리교회(Monmouth Grace United Methodist Church)의 도움 때문이었다. 오랫동안 큰 은혜를 입은 협성대학교의 설립자 박근수 감독님, 나를 초청해 준 드류 신학대학교의 맥사인 비치(Maxine Beach) 학장, 그리고 만모스은혜연합감리교회의 도상원 목사와 교우들에게 깊은 감사를 표한다. 이 책을 집필하면서 만모스 커뮤니티 도서관(Monmouth Community Library)의 도서와 시설을 주로 이용했다.

또한 IVP 편집진의 도움이 컸음을 밝힌다. 여기에 이르기까지 그들이 거친 고민과 번민 그리고 세밀한 배려에 감사드린다. 이 책의 일부 내용을 5회(2002년 11월호부터 2003년 3월호까지)에 걸쳐 연재하도록 배려해 주신 월간 「기독교사상」 편집장 한종호 목사님께도 깊은 감사를 드린다.

나는 이 책을 은사이신 김득중 감리교신학대학교 교수님과 김부용 사모님께 헌정한다. 교수님은 나를 학문의 길로 인도하셨을 뿐 아니라 당신이 배우고 믿는 바를 드러나지 않게 실천하시는 본을 보여 주셨다. "가난한 목사가 되겠다는 꿈을 품고 신학을 시작했는데 신학 교수가 되어 편안히 살게 된 것을 하나님께 늘 죄송하게 여기고 있다"고 말씀하시면서, 그 죄송한 마음을 갚기 위해 남 모르는 선행을 실천해 오셨다. 김부용 사모님도 다양한 활동을 통해 가난하고 어려운 사람들을 돌보는 데 힘써 오셨다. 사모님은 내 책이 나올 때마다 가장 먼저 완독하시고 격려해 주셨다. 이 지면을 빌어 두 분이 나와 가족에게 베풀어 주신 많은 은혜에 감사드린다. 나는 이 책을, 학문에서뿐 아니라 삶에서도 당신의 제자답게 살겠다는 다짐으로서 두 분께 드린다.

마지막으로, 이 책을 세상에 내놓으면서 그 동안 하나님께 받은 특별한 은혜를 언급하지 않을 수 없다. 집필을 시작할 때부터 완성되기까지 하나님의 인도하심을 다양한 방법으로 수없이 경험했다. 때 맞추어 필요한 책을 만나게 하시는 신비로운 섭리, 문제가 풀리지 않아서 며칠 동안 번민할 때 닫혀 있던 생각의 커튼을 활짝 열어 주시는 은혜, 형식의 문제를 놓고 기도하며 고민할 때 옳은 길로 인도하신 은혜, 그리고 주변 좋은 사람들을 통해 하나님의 뜻을 전해 주신 은혜, 이 모든 은혜에 깊이 감사드린다. 이렇게 말함으로써 나는 이 책의 내용을 하나님의 영감으로 된 '절대 진리'로 포장하려는 것은 아니다. 이 책은 내 짧은 경험과 생각을 담고 있다. 다만, 이 질그릇 안에서 혹시 귀한 진리가 발견된다면 그 공로는 내 것이 아니라 하나님의 것이다.

2003년 2월
김영봉

제1부

돈에 대한 반듯한 생각[1]

오, 복된 가난이여.
그대를 사랑하고 품는 사람에게
영원한 부를 안겨 주는 이여.
그대를 소망하는 자에게
하나님은 하늘 나라를 약속하시고
영원한 영광과 복된 삶을 주시는
오, 거룩한 가난이여.
오, 하나님 중심의 가난이여.
하늘과 땅을 다스리셨고 다스리고 계시며
말씀으로 모든 것을 만드신 주 예수 그리스도께서
당신을 낮추어 품으셨던 이여.
　-아시시의 클라라(Clare of Assisi)

천국에는 가난이 없지만 지상에는 많이 있다.
하지만 인간은 가난의 가치를 알지 못했다.
그래서 하나님의 아들은 그것을 귀하게 여겨
하늘에서 내려와 스스로 가난을 선택함으로
그 귀중함을 우리에게 일깨워 주셨다.
　-클레르보의 베르나르(Bernard of Clairvaux)

1
돈: 마음을 지배하는 것이 인생을 지배한다

> 인생에서 만나는 대개의 문제들—자동차, 정부(情夫), 암 등—은 그 문제를 가지고 있는 사람에게만 중요하다. 그러나 돈은 가진 사람에게나 가지지 않은 사람에게나 모두 중요하다. 따라서 가진 자나 가지지 않은 자나 돈에 대해 정확하게 이해할 필요가 있다. —존 갈브레이드(John Galbraith)

재테크보다 앞서야 할 것

내가 어렸을 적 아버지는 짐 자전거에 나를 태우고 멀리 있는 이발소에 데리고 가서 머리를 깎아 주셨다. 이발을 마치면 아버지는 이발사에게 '적어 둬!'라고 말씀하시고 그냥 나오셨다. 아버지와 네 형제가 1년 동안 부지런히 드나들며 이발을 했어도 돈을 낸 기억이 없다. 그 대신 보리 타작을 마치면 보리 한 자루를 그리고 가을 추수를 마치면 쌀 한 자루를 실어다 주시고는 그 모든 값을 치르셨다. 또 장날이면 어머니는 백옥같이 흰 쌀을 힘에 부치도록 담아 장으로 가셨다. 돌아오실 때면 어머니 손에는 생선이며 신발 같은 것이 들려 있었다. 장에 갈 때 어머니는 언제나 "돈 사러 간다"고 하셨다. 쌀을 주고 물건을 사셨기 때문이다.

불과 40여 년 전 우리의 농촌 상황이다. 당시에도 돈이 필요

없는 것은 아니었다. 하지만 지금에 비해 돈의 중요성이 훨씬 덜했다. 특별한 경우가 아니면 웬만한 문제는 돈 없이도 해결할 수 있었다. 마늘 두세 통 들고 가게에 가면 과자를 사 먹을 수 있었다. 경제에서 화폐의 지배력이 아직 크지 않았기 때문이다. 물론, 당시에도 도시 생활에서는 돈의 중요성을 무시할 수 없었다. 사실, 돈의 역사가 시작된 후 번창한 도시 생활에서는 돈이 항상 중요한 역할을 해 왔으니 말이다.

하지만 지금은 전혀 달라졌다. 도시에서뿐 아니라 농촌에서도 모든 거래가 돈으로 이루어진다. 시골의 작은 가게에서도 돈 아니면 통하지 않는다. 최근에는 신용 카드가 현금을 대신하고 있지만, 그것도 돈과 다를 바 없다. 신용(credit)의 근거는 돈이기 때문이다. 내가 어렸을 적에는 그 사람의 인격이 신용이었다. 믿을 만한 사람이면 몇 달이고 외상 거래를 했다. 하지만 지금은 아무리 고매한 인격자라도 돈이 있어야 신용을 인정받을 수 있다. 돈이 없으면 생활이 불가능한 시대다.

그렇기 때문에 사람들은 돈을 벌고 불리는 방법을 찾고 있다. 모두들 재테크에 관심이 많다. 재테크에 관한 책들이 베스트셀러 목록에 항상 한두 권씩 올라 있고, 매일같이 쏟아져 들어오는 스팸 메일 중에도 반 정도가 '많은 돈을 쉽게 버는 방법'에 대한 선전이다. 돈을 벌고 불리는 일에 그토록 관심이 많다는 뜻이다.

그러나 우리가 잊고 있는 점이 있다. 돈을 다루는 기술을 익히기 이전에 먼저 돈이 무엇인지 알아야 한다는 것이다. '재물에 관한 기술'(財-technology)을 배우기에 앞서 '재물에 대한 철학'(財-philosophy) 혹은 '재물에 대한 신학'(財-theology)을 배워야 한다. 그것 없이 재물을 키워 가기만 하면 결국 재물 때문에 낭패를 당하게 된다. 금을 캐 가지고 귀국하던 사람이 배가 침몰하자 금 상자에 자신의 몸을 묶고 익사했다는 이야기도 있듯, 돈은 우리 삶을 파괴할 수도 있다. 돈이 현대인의 삶에서 중요해진 만큼 그것 때문에 당하는 피해도 적지 않다.

이런 점에서 돈에 대해 바른 시각을 갖는 것은 매우 중요하다. 과거에 많은 목회자들이 돈에 관한 깊은 성찰 없이 '잘 믿으면 복 받는다'는 식으로 가르쳐 왔기 때문에 한국 성도들은 돈에 관한 바른 시각을 배우지 못했다. 반면, (나를 포함한) 학자들은 실생활에 대한 고려 없이 이론적인 원리만을 제시해 왔다. 그 결과 돈에 관한 바른 자세를 찾으려는 진지한 성도들은 혼란을 겪게 되었다. 나 자신도 청년 시절에 혼란을 경험한 바 있다.

돈은 영적인 문제다[1]

청부론자들은 돈에 대한 '균형잡힌 시각'을 가지라고 강조한다. 돈을 죄악시하거나 금기시하지도 말고, 돈을 최상의 축복으로 여기지도 말라고 한다. 돈 자체가 본질적으로 악하거나 부정한 것이 아니라는 주장이다. 그런데 문제는, 이렇게 말하면서 '그러므로 돈을 추구하는 것은 잘못이 아니다!'라고 비약한다는 것이다. 돈을 사랑하는 것도 잘못이요 미워하는 것도 잘못이라고 말해 놓고, 결국은 사랑하는 쪽으로 기운다. '하나님은 당신이 부자 되기를 원하신다'(God Wants You to Be Rich)[2] 혹은 '부자 되는 것은 죄가 아니다'(It's No Sin to Be Rich)[3]라는 주장을 거침없이 한다. 돈에 대한 균형잡힌 입장을 가져야 한다고 말하면서, 실제로는 돈을 추구하는 것을 적극적으로 격려한다. 설교자의 입에서 '나는 돈이 좋다'거나 '나는 부자로 사는 것이 좋다'는 말을 듣는 것이 전혀 이상하지 않은 시대가 되었다.

돈이 본질적으로 악하지 않다는 점은 옳다. 하지만 돈이 본질상 위험한 것임을 망각하거나 돈을 과소평가하는 것은 위험하다. 맘몬(재물)과 하나님 중에서 하나를 택하라고 하신 예수님의 말씀은 충분히 강조되어야 한다.

한 사람이 두 주인을 섬기지 못할 것이니 혹 이를 미워하고 저를 사랑하거나 혹 이를 중히 여기며 저를 경히 여김이라. 너희가 하나님과 재물을 겸하여 섬기지 못하느니라(마 6:24).

여기서 예수님은 분명히 둘 중 하나를 택하라고 하셨지 둘 다 가지라고 하지 않으셨다. 그분은 돈에 대해 매우 강도 높게 경고하신다. 그 이유를 다음과 같이 생각해 볼 수 있다.

첫째, 돈이 끌어들일 수 있는 악한 영적 능력 때문이다. 이 말은 돈 자체에 귀신이 붙어 있다는 뜻이 아니다. 화폐는 사회적 약속에 의해 힘을 가지는 하나의 상징에 불과하다. 그 약속이 깨지면 화폐는 무용지물이 되어 버린다. 해외 여행을 다녀온 후 호주머니에 남아 있는 외국 동전들은 한국에서는 아무 소용이 없는 고철일 뿐이다. 그러나 돈이 사회적 약속을 바탕으로 하여 힘을 발휘하고 인간이 그 힘에 예속될 때, 그것이 단순한 구매력을 가지는 데 그치지 않고 영적 힘을 발휘한다는 데 문제가 있다.

오스 기니스는 좀처럼 사물을 신격화하거나 인격화하지 않으셨던 예수님이 맘몬에게 인격적 힘을 부여하셨음을 주목하라고 요청한다. 예수님이 그렇게 하신 이유에 대해 그는 "돈은 결정적인 영적 능력을 지닌 능동적인 매체로서 결코 중립적이지 않다는 의미다. 돈은 우리가 선하게 혹은 나쁘게 사용할 때 힘이 되는 것이 아니라, 우리가 사용하기 **이전에** 이미 하나의 능력으로서 존재한다"[4]고 지적한다. 뿐만 아니라, 리처드 포스터(Richard Foster)는 그 영적 능력에 대해 더 명료하게 서술한다.

> 돈은 단순히 중립적인 교환의 수단이 아니라 그 자체가 생명을 가지고 있는 '힘'(power)이다. 그것도 매우 자주 그 성격상 악마적인 '힘'인 것이다. 우리가 돈을 비인격적인 관점에서만 생각하는 한 그 돈을 적절하게 사용해야 하는 것 이외의 도덕적 문제는 존재하지 않는다. 그러나 돈이 권세들(powers)에 의해서 생기가 돌고 활성화된다고 하는 성경적 견해를 진지하게 받아들이기 시작할 때부터 우리와 돈의 관계는 도덕적 중대성으로 가득 차게 된다.[5]

돈에 대한 경고의 말들은 얼마든지 더 인용할 수 있다. 그러므로 '돈은 그냥 돈이다'라고 생각하기보다는 '돈은 영적 세력이다'라고 생각하는 편이 더 옳다. 영적 세력으로서 돈은 하나님을 대적한다. 두 영적 세력이 함께 어울릴 수 없으므로 인간은 어느 한 편을 택해야 한다.

돈을 경계해야 하는 두 번째 이유는 인간의 타락한 본성이 돈의 유혹에 매우 취약하기 때문이다. 하나님은 인간에게 사랑하는 본능을 주셔서 다른 존재와 함께 나누며 살아가도록 만드셨다. 이 본성대로라면 세상에 아무리 많은 사람이 있어도 다 같이 넉넉하게 살 수 있다. 문제는 인간이 타락하면서 사랑의 본능이 비뚤어진 데 있다. 하나님이 주신 사랑은 밖을 향하도록 되어 있었는데, 타락으로 인해 그 사랑이 자기 자신만을 향하게 되었다.

이 타락한 본성 때문에 돈은 위험하다. 현대 사회에서 돈은 거의 모든 욕구를 충족시킬 수 있다. 돈으로 살 수 없는 고귀한 가치들이 있지만, 그것을 중요하게 여기지 않는 사람들에게는 '돈이면 다'라는 말이 진리로 통한다. 이 욕구를 그대로 방치하는 한 돈은 거의 절대적인 힘을 갖는다. 인간의 욕구는 채워지지 않는 거대한 수렁과 같다. 채울수록 더 강해지는 것이 욕구다. 그렇기 때문에 돈이 많다고 해서 욕구를 해결할 수 없다. 오히려 돈 때문에 더 많은 욕구가 생기고 그 때문에 인간은 더욱 타락한다.

그러므로 돈의 위험성은 충분히 강조되어야 마땅하다. 칼은 잘 사용하면 유용한 도구가 되지만 잘못 사용하면 살상 무기가 된다. 마약은 잘 사용하면 치료약이 되지만 잘못 사용하면 인간을 파멸시킨다. 그러므로 '칼은 그냥 칼이다'라거나 '마약은 그냥 약이다'라고 말해서는 안 된다. '칼은 위험한 것이다' 혹은 '마약은 위험한 약이다'라고 말해야 옳다. 그 위험성을 충분히 강조하고, 그것을 대할 때 긴장감을 풀지 말아야 한다. 담뱃갑에 "지나친 흡연은 건강에 해롭습니다"라고 적어 넣은 것처럼, 돈에도 "지나치게 많은 돈은 당신의 삶에 해롭습니다"라고 새겨 넣었으면 좋겠다. 우리가 그 위험성을 너무나도 쉽게 잊기 때문이다.

마음을 떼라

이 지점에서 마태복음 6:19-20을 보자. 예수님은 우리의 보물을 땅에 쌓지 말고 하늘에 쌓으라고 요청하신다. "네 보물이 있는 곳에 네 마음도 있기"(21절) 때문이다. 그렇다면 '땅에 보물을 쌓는다'는 말과 '하늘에 보물을 쌓는다'는 말은 각각 무슨 뜻인가?

많은 사람들이 이 뜻을 오해해 왔다. 어떤 사람들은 '의로운 방법으로 번 돈'이 바로 하늘에 쌓는 보물이라고 주장한다. 이 주장에 의하면, 돈에는 하늘에 쌓을 수 있는 돈과 그럴 수 없는 돈이 있다.[6] 의롭고 정직하게 번 돈은 하늘에 쌓을 수 있고 부정하게 번 돈은 땅에만 쌓을 수 있다. 헌금하기 부끄럽지 않은 돈은 하늘에 쌓을 수 있고, 헌금하기에 부끄러운 돈은 땅에만 쌓을 수 있다. 그러나 이 해석은 예수님 말씀의 핵심을 포착하지 못했다. '정직하게 번 돈만이 헌금할 수 있는 돈이다'라는 말은 옳지만, 정직하게 번 돈만이 '하늘에 쌓을 수 있는 돈'이라고 해석하는 것은 예수님의 의도를 곡해한 것이다.

또 어떤 사람들은 부를 선용하는 것이 하늘에 보물을 쌓는 것이라고 생각해 왔다. 가난한 사람을 돕거나 헌금하는 것이 돈을 '하늘에 쌓는 것'이라는 뜻이다. 이 생각에도 일리는 있지만, 이 말씀의 진의라고 할 수는 없다. 이렇게 생각하면 여전히 우리 마음은 돈을 향하게 된다. 하늘에 더 많은 보물을 쌓으려면 더 많은 돈이 필요하다고 생각하게 된다. 그러면 돈에 대한 욕심이 더 커지고 마음은 더욱 땅에 묶인다.

예수님은 이 말씀에서 재물에 대한 인간의 욕심을 경계하신다. 우리 마음은 우리가 귀하게 여기는 것에 이끌리게 되어 있다. 보물을 땅에 쌓아 두지 말라는 것은 욕심에 이끌려 지상의 물질을 보물로 여김으로써 마음을 빼앗기지 말라는 뜻이다. 어떤 물건을 보물로 여기지 말라는 말이다. 그것을 보물로 여기는 순간 우리는 그것에 예속된다. 칼빈은 "명예를 최고로 여기면 야심이 그 사람을 장악한다. 돈을 최고로 여기면 탐욕이 하나님 나라를 점령한다. 쾌락을 최고로 여기면 그 사람은 방종에 빠진다"고 지적했다.

　보물을 하늘에 쌓으라는 말씀은 하나님 나라를 가장 귀한 것으로 여김으로 우리 마음이 언제나 하나님 나라를 바라도록 하라는 뜻이다. 어거스틴은 "만일 어떤 사람이 지상적인 것을 얻을 목적으로 어떤 일을 한다면 그의 마음은 이 땅에 있는 것이다"라고 말했다. 하나님 나라와 의를 위한다고 하지만 실제로는 더 많은 재물을 가지려는 욕심으로 일하는 것이기 때문이다. 그렇게 되면 우리 마음은 지상적인 것에 묶여 하나님의 뜻을 거스르게 된다. 지상의 물질이 본질적으로 악하기 때문이 아니다. 지상의 물질에 묶여 버리면 하나님에 대한 관심을 버리게 되기 때문이다. 그러면 하나님이 주신 아름다운 피조물이 우리를 타락시키는 도구로 전락한다.

　예수님은 '이것도 저것도'(both/and)의 태도가 아니라 '이것이냐 저것이냐?'(either/or)의 태도를 요청하신다. 돈의 힘이 워낙 크고 교묘하기 때문에 그리고 인간의 욕망이 통제하기 너무 어렵기 때문에 태도를 명확히 하지 않으면 자기도 모르는 사이에 돈의 노예가 되어 버린다. 우리는 더 많은 재물을 얻기 위한 수단으로서 하늘의 것을 바라보는 것이 아니라 지상의 재물이 가진 위험과 한계를 알기 때문에 하늘의 것을 바라보아야 한다. 우리 마음을 견고하게 하나님 나라에 묶어 둘 때 비로소 돈이 제대로 보인다. 그 때에야 돈을 섬기지 않고 도구로써 사용할 수 있는 안목과 능력이 생긴다. '이것이냐 저것이냐'의 선택은 한 쪽을 완전히 버리자는 것이 아니라 마음을 끊음으로써 그것에 대해 바른 시각을 얻고자 하는 것이다. 이것이 돈에 대한 바른 태도다.

1. 돈: 마음을 지배하는 것이 인생을 지배한다

토론을 위하여

돈을 사용하되 돈에 예속되지 않으려면 어떤 태도를 가져야 하는가? 돈을 과소 평가할 때 어떤 문제가 생기며, 돈을 과대 평가할 때는 어떤 문제가 생기는가? 자본주의 체제가 제시하는 돈 중심의 가치관의 예를 들어보고, 그것이 정당한지 분석해 보라. 그리스도인의 입장에서 볼 때 고쳐야 할 점은 무엇인가?

성찰을 위하여

당신은 그 동안 얼마나 돈에 예속되어 왔는가? 당신은 인생에서 무엇을 가장 귀하게 여겨 왔는가? 그것은 '하늘에 속한 것'인가? 그렇다면 전심으로 그것을 추구하고 있는가? 참된 것을 위해 전심으로 살아가기 위해 필요한 것은 무엇인가?

더 읽을 책

리처드 포스터, 「돈, 섹스, 권력」(두란노), 1부 '돈'.

2
부: 부는 진리를 못 보게 한다

> 부는 모든 악덕의 원천이다. 왜냐하면 부는 우리의 가장 악한 욕망까지도 실현시킬 수 있기 때문이다.
> —암브로스(Ambrose)

하나님의 의도

하나님은 당신의 백성들이 부자로 살기를 바라신다는 생각이 청부론의 핵심이다. 부자로 사는 것이 죄가 되는 것은 아니라는 주장이다. 이 주장에는 옳은 면이 있다. 예를 들면, 헤르만 몰데즈(Herman Moldez)는 "창세기의 창조 기사를 깊이 생각해 볼 때, 우리는 가난이 인간에 대한 하나님의 본래 의도가 아니라는 결론을 내리게 된다"고 지적한다.[1] 하나님은 본래 모든 인간이 부족함 없이 풍요롭게 살도록 세상을 창조하셨다는 것이다. 그렇다면 오늘날 왜 이렇게 많은 사람들이 가난으로 고통당하는가? 몰데즈는 그 뿌리를 인간의 타락에서 본다. 인간이 타락함으로 하나님의 질서는 깨지고 인간은 이기적 욕심에 사로잡혔다. 이로 인해 인간 사회는 생존 경쟁의 싸움터가 되었고 가난이라는 질병이 생겨났다.

　인간의 행복에 대한 하나님의 관심은 에덴에서의 설계로 끝나지 않았다. 하나님은 타락한 인간을 변화시켜 행복을 다시 찾기 바라셨다. 율법은 바로 그 관심을 담고 있다. 다음 말씀에 그 의도가 분명하게 나타난다.

　네가 만일 네 하나님 여호와의 말씀만 듣고 내가 오늘 네게 내리는 그 명령을 다 지켜 행하면 네 하나님 여호와께서 네게 기업으로 주신 땅에서 네가 반드시 복을 받으리니 너희 중에 가난한 자가 없으리라(신 15:4-5).

　율법을 통한 구원의 노력이 인간의 불순종으로 효력을 잃자, 하나님은 예수 그리스도를 통해 결정적인 구원 역사를 행하셨다. 예수님은 사람들을 하나님께 돌아오게 하여 다시 하나가 되게 하심으로 인간의 타락한 본성을 치유하셨다. 본성의 회복은 삶의 모든 영역에 영향을 미친다. 경제 영역도 예외가 아니다. 예수 그리스도를 통한 하나님의 구원은 경제적 변혁을 포함한다. 예수님의 구원 사역에는 인간을 가난의 불행으로부터 구출하고자 하는 하나님의 의도가 포함되어 있다.
　그러므로 창조 섭리로 보나 종말론적 구원 섭리로 보나, 가난은 하나님의 뜻이 아니다. 모든 것을 부족함 없이 누리며 행복하게 사는 것이 하나님의 뜻이다. 하나님은 모든 인류가 그렇게 살기를 바라신다.

하나님의 뜻과 현실의 차이

문제는 모든 인류가 하나님께 돌아와 타락한 본성에서 회복되지 못했다는 데 있다. 타락한 인류는 할 수 있는 한 잘 먹고 잘 살기 위해 투쟁하고 있다. 우리가 사는 세상은 '모든' 인류가 다같이 행복하게 살지 못하는 왜곡된 세상이다. 풍요를 누리는 사람은 너무 적고, 고통을 겪는 사람들은 너무 많다. '세계 식량 계획'(World Food Plan)에서 2002년에 발표한 '기아에 관한 사실' (hunger facts)은 다음과 같다.[2]

1. 8억 명 정도가 매일 밤 굶주린 채 잠자리에 든다. 그 중 대부분은 여성과 어린이다.
2. 다섯 살 이하 어린이 2억 명 정도가 식량 부족으로 인해 체중 미달이다.
3. 매일 2만 4천 명 정도의 사람이 굶주림 혹은 그로 인한 질병으로 죽는다.
4. 어린이 영양 실조는 정신 이상이나 신체적 장애를 불러온다.
5. 7초마다 어린이 한 명이 굶주림 혹은 그로 인한 질병으로 죽는다.
6. 세계에는 모든 인류가 먹기에 충분한 식량이 있다.

이것은 가히 '지구적 질병'이라고 할 만큼 심각한 문제다. 마지막 항목에서 보듯, 모든 인류가 먹고살기에 충분한 자원이 있음에도 가난과 기아의 문제가 이토록 심각하다는 사실이 우리를 더욱 안타깝게 한다. 더 큰 문제는 이 현상이 일부 지역에 집중되어 있다는 사실이다. 동남 아시아와 아프리카 그리고 남아메리카의 주민들이 주된 피해자인데, 그 상황이 갈수록 더 나빠지고 있다. 반면, 잘 사는 나라에서는 매일 엄청나게 많은 식량이 쓰레기로 버려진다.

이것은 참으로 안타까운 현실이다. 이러한 상황은 정도의 차이는 있겠지만 '새 하늘과 새 땅'이 이루어질 때까지 변하지 않을 것이다. 앞에서 인용한 말씀의 후반부에는 이렇게 쓰여 있다.

> 땅에는 언제든지 가난한 자가 그치지 아니하겠으므로 내가 네게 명령하여 이르노니 너는 반드시 네 땅 안에 네 형제 중 곤란한 자와 궁핍한 자에게 네 손을 펼지니라(신 15:11).

신약에도 비슷한 말씀이 나온다. 베다니 시몬의 집에서 한 여인이 예수님께 향유를 부었을 때 사람들은 귀한 돈을 허비한다고 화를 냈다. 그 돈을 가난한 사람에게 주면 얼마나 큰 도움이 되겠느냐며 비난했다. 그러나 사실, 그들은 가난한 사람들을 생각해서 그렇게 말한 것이 아니다. 그들의 심리적 정황을 추정해 보자면, 가난한 사람들에 대한 배려를 늘 강조했던 예수님에게 칭찬받기 위해 그렇게 말했을 가능성이 크다. 그런데 예상과 달리 예수님은 그 여인을 칭찬하시면서 "가난한 자들은 항상 너희와 함께 있으니"(막 14:7)라고 말씀하셨다. 많은 사람들이 이 말씀을 오해하여 가난한 사람들에 대한 의무를 축소하고 예수님은 가난의 문제를 해결하는 데 관심이 없으셨다거나 구제는 중요한 문제가 아니라고 해석한다.

그러나 "가난한 자가 그치지 아니하겠다"라는 신명기 말씀이나 "가난한 자는 항상 너희와 함께 있을 것이다"라는 예수님의 말씀은 이 세상의 왜곡된 구조가 쉽게 고쳐지지 않을 것이라는 현실을 지적한다. 이 말씀은 가난을 해결하려고 아무리 노력해도 소용없으니 헛수고하지 말라는 뜻이 아니다. 오히려 그 현실을 더 분명하게 의식하고, 문제 해결을 위해 노력하라는 요청이다. 항상 가난한 사람들이 있음을 잊지 말라는 요청이다.

하나님은 우리가 가난에 찌드는 것을 바라시지 않지만, 인간의 타락 때문에 새 하늘과 새 땅이 임할 때까지 가난은 인간 사회의 한 가지 조건으로 변함 없이 남아 있을 것이다. 그렇다면 하나님의 관심을 받드는 사람들이 가난한 사람들을 돌보고 이 문제를 조금이라도 해결하려고 노력하는 수밖에 없다. 이런 이유로 하나님은 가난한 사람들에 대한 다양한 보호 규정들을 율법에 마련하셨고, 예수님은 가난한 사람들에 대한 책임을 가르치셨다. 따라서 하나님의 백성이 되고 예수님의 제자가 된다는 것은 비범한 능력을 힘입어 생존 경쟁에서 이김으로써 부자의 대열에 서는 것이 아니다. 오히려 스스로 가난해지셔서 가난을 치유하신 예수님의 모범을 따라 가난에 참여하고 그것을 해결하려고 노력해야 한다. 부가 문제 되는 것은 바로 이 지점이다. 그리스도인으로서 부를 누리는 것을 마냥 감사할 수 없는 이유가 여기에 있다.

부란 무엇인가?

부의 문제를 다루려면 '부'라는 말이 무엇을 의미하는지를 먼저 분명히 해야 한다. '부' 혹은 '부자'는 다양한 시각에서 정의할 수 있다. '마음의 부자'도 있고, '영적 부자'도 있다. 내가 여기서 말하는 부는 '물질적 부'다. 일반적으로 현금으로 바꿀 수 있는 자산을 '부'라고 하고, 그것을 많이 가진 사람을 '부자'라고 한다. 그러나 한 사람이 부자인지 아닌지를 판단할 수 있는 객관적인 기준은 없다. 경제학자들도 그런 기준을 제시하지 못했으며, 상식적으로 생각해도 그런 기준을 설정하는 것은 불가능하다.

얼마 전 한 증권사의 고객을 대상으로 조사한 통계에 의하면, 조사 대상의 43%가 재산이 10억에서 50억은 되어야 부자라고 응답했고, 22%는 50억 이상은 되어야 부자에 속한다고 답했다.[3] 우리나라 사람들은 대개 10억 이상의 재산을 가지고 있어야 부자라고 생각한다는 결론이다. 하지만 50억을 가진 사람도 200억을 가진 사람과 비교할 때 자신이 부자라고 생각하지 않을 것이고, 1억을 가진 사람도 빚에 허덕이는 사람과 비교할 때 스스로 부자라고 생각할 수 있다. 따라서 부의 객관적 기준을 논하는 것은 부질없는 일이다.

여기서 나는 부에 대한 일반적 개념에 대해 말하려는 것이 아니다. 이 책의 주요 관심사인 청부론에서 말하는 부의 개념을 다루고자 한다. 청부론자들도 부 혹은 부자에 대해 정확히 정의하지는 않지만, 그들의 글을 주의 깊게 보면 어느 정도 개념 정리가 가능하다.

청부론에서 말하는 부는 물질적인 소유에 의해 결정된다. 영적인 부와 정신적인 부에 대해서도 말하지만, 그들이 부자에 대해 말할 때 부는 언제나 금전적인 개념이다. 부자는 건전하고 정직한 노동을 통해 물질을 '충분히' 소유한 사람이다. '충분함'의 기준은 주관적이지만 어느 정도의 사회적 합의가 없는 것도 아니다. 사회적으로 부자로 인정받거나 스스로 부자라고 여길 정도가 되려면 그 사회의 일반적인 수준보다 꽤 많은 물질을 소유하고 있어야 한다. 뿐만 아니라, 부자는 자신의 경제력에 걸맞는 소비

2. 부: 부는 진리를 못 보게 한다

생활을 즐기는 사람이다. 경제력으로 더 많은 특권을 누리고 더 많은 물질을 누리는 것이 그에게 큰 기쁨이다. 그러기에 그는 더 큰 부를 이루고 더 높은 수준의 삶을 영위하기 위해 힘써 일한다. 이런 사람을 '부자'라고 부르는 것에 대해 이의를 제기할 사람은 거의 없을 것이다. 자본주의를 표방하는 우리 사회는 부자의 이러한 태도를 정당한 것으로 인정할 뿐만 아니라 많은 사람들이 그 삶을 선망하며 그 대열에 들기 위해 노력한다.

문제는 기독교 지도자들까지도 이러한 삶을 찬양하고 그렇게 되라고 부추긴다는 데 있다. 심지어 부자로 사는 것이 하나님이 당신의 백성들에게 원하는 삶의 이상이며, 하나님이 주시는 복은 부자 되는 것으로 나타난다고 가르치기까지 한다. 이것은 큰 문제다. 왜냐하면 부와 부자에 대한 이런 태도는 성경적으로 볼 때 정당하지 않기 때문이다. 성경에서 부자는 자주 비판의 대상이 된다. 율법을 잘 지키면 부자가 된다는 약속이 구약 성경에 나오는 것은 사실이다. 하지만 더 많은 경우, 부자는 하나님을 업신여기고 가난한 사람들을 착취하고 죄를 일삼는 태도로 인해 비판의 대상이 된다. 자크 엘룰(Jacques Ellul)의 말을 보자.

성경이 저주하는 대상은 부자들의 어떤 행위가 아니라, 필연적으로 하나님께 적대적일 수밖에 없는 그들의 전체적인 삶 자체다. 앞에서 살펴본 몇 가지 예외, 즉 아브라함과 욥과 솔로몬을 제외하면 의로운 부자나 좋은 부자는 없다. 아브라함과 욥과 솔로몬은 비록 돈은 많이 소유하고 있었지만 성경에서 말하는 [부정적] 부자들과는 전혀 다른 영적 자세를 가지고 있었다.[4]

이것은 구약 성경에 대한 엘룰의 평가다. 그의 단언적인 평가가 어느 정도 균형을 잃은 것은 사실이지만, 그가 말하는 요점은 여전히 옳다. 다시 말하면, 성경에 나오는 부자들은 몇몇 사람들을 제외하면 대부분 하나님의 심판을 면할 수 없는 사람들이다. 신약 성경으로 가면 사정은 더욱 분명해진다. 삭개오처럼 부를 청산하고 구원받은 사람은 있지만, 부를 즐기면서 칭찬받은 부자는 거의 없다. 예수님은 부자를 책망하셨고 부를 경계하셨다. 바울은 예수님처럼 부자들을 비판하지는 않았지만 그들을 회심시켜 복음을 위해 부를 사용하도록 이끌었다. 끊임없이 부를 축적하고 그것으로 많은 것을 누리며 사는 삶의 태도는 성경에 비추어서 옳다고 인정할 수 없다. 성경을 제대로 읽는다면, 부자 되기를 바라거나 자신의 부에 대해 '깨끗하다'는 생각을 할 수 없다.

부의 위험

그렇다면 왜 부가 문제인가? 왜 성경은 부 그리고 부자가 되는 것을 경계하는가? 도널드 크레이빌(Donald B. Kraybill)은 부의 위험들을 낱낱이 폭로한 바 있다.[5] 그가 지적한 것을 바탕으로 부의 위험에 대해 생각해 보자.

첫째, 부는 영적 생활의 목을 조른다. 손에 쥔 부를 지키고 늘리는 데 너무 관심을 쏟다 보면 영적 생활이 고갈된다. 예수님이 경고하신 것처럼 보물이 있는 곳에 마음이 가게 되어 있기 때문이다. 중요하게 여기는 그것이 그 사람의 마음을 지배한다. 특히 물질적인 부는 장악하는 힘이 강하다. 반면, 영적 생활은 마음 한 켠을 할애하는 것으로는 제대로 되지 않는다. 그래서 예수님은 "네 마음을 다하고 목숨을 다하고 뜻을 다하라"(마 22:37)는 말씀을 구약에서 인용하여 다시 천명하신다. 영성은 전심을 쏟지 않으면 성장하지 않는다. 따라서 물질적인 소유를 쌓는 일에 마음을 빼앗겨 버리면 영적으로 심각한 침해를 받는다.

둘째, 부를 어느 정도 가지게 되면 자신의 삶을 스스로 보장하려는 유혹을 받게 되며, 미래의 안전을 보장하려는 욕구는 근심과 염려를 불러온다. 많은 사람들이 미래에 대한 불안 때문에 돈을 모으는데, 돈이 쌓여 갈수록 오히려 불안감이 더 커지는 경우가 많다. 빠른 시간 안에 큰 돈을 모으려는 조바심, 모은 돈을 가장 효율적인 방법으로 늘리려는 고민, 돈을 안전하게 지키려는 불안감, 지금 누리고 있는 삶을 침해받지 않으려는 욕구 등이 삶을 더욱 불안하게 한다(물론, 평생 쓰고도 남을 만큼 많은 돈을 가장 안전한 방법으로 보관해 놓은 사람의 경우는 사정이 다를 것이다. 그 사람의 문제는 불안감이 아니라 불신앙이다. 그 상태에서 그 사람은 하나님을 믿을 수 없다). 대부분의 사람들은 돈을 모으는 만큼 근심도 함께 키운다. 예수님이 말씀하신 대로 근심과 염려는 영적으로 치명적이다. 미래를 하나님께 맡기고 하나님 안에서 안연히 거할 때 영적 생활은 생명을 얻는다.

셋째, 부는 우리 눈을 멀게 한다. 자기 혼자 즐기는 일에 빠져 다른 사람의 아픔을 보지 못하게 만든다. 예수님은 이 문제를 '부자와 나사로의 비유'(눅 16:19-31)에서 다루신다. 부자는 죽은 후에 지옥에 갔고 거지 나사로는 천국에 갔다. 여기서 두 사람이 지옥과 천국에 간 이유에 대해 오해하는 사람들이 많다. 즉, 나사로는 가난했다는 이유 하나로 천국에 갔고, 부자는 부를 누렸다는 이유로 지옥에 갔다는 것이다. 이것은 부자와 가난한 자에 대한 구약 전통을 무시해서 생긴 오해다. 요아킴 예레미야스

(Joachim Jeremias)가 잘 지적한 대로,⁶⁾ 예수님은 구약의 전통에 따라 부자가 믿음 없고 불의한 사람이며 거지 나사로는 경건한 사람이라는 점을 전제하신다고 보아야 한다.

여기서 부자는 거지 나사로에게 아무런 관심을 보이지 않았다는 점에서 책망을 받는다. 자기 집 문 앞에 있는 거지에게 무관심했다는 말은 그가 하나님을 알지 못하는 사람임을 암시한다. 그가 유대교인이었을 가능성은 있다. 하지만 그는 하나님의 자녀로서 가난한 자에 대한 아버지의 지극한 관심을 살피지 못했다. 하나님의 근심이 무엇인지 모르고 사는 사람은 제대로 믿는 사람이라고 할 수 없다. 바로 이것이 부의 위험이다. 사람은 거의 본능적으로 자신이 처한 상황에서 세상을 보기 때문에 아무 부족함이 없이 사는 사람은 가난한 사람의 아픔을 이해하기 어렵다.

넷째, 부는 자신을 지배자로 만들어 하나님의 자리를 빼앗는다. 화폐 중심의 시장 경제가 지배하고 있는 현대에는 돈이면 해결 못할 일이 별로 없다. 물건만이 아니라 사람의 마음까지 살 수 있다. 그러니 많은 부를 소유한 사람은 더 이상 하나님을 믿지 않게 되기 쉽다. 하나님을 믿는다 해도 하나님께 별로 기대할 것이 없다. 돈의 힘으로 거의 모든 것을 할 수 있기 때문이다. 하나님께 기대할 것이란 겨우 죽은 후의 문제 정도일 것이다. 그것은 아직 돈으로 해결할 수 없기 때문이다. 목사에게 장례식을 부탁하기 위해 교회에 나오는 사람처럼, 이런 부자는 하나님께 죽은 후의 문제만 맡기고 살아간다.

다섯째, 부를 잘못 다루면 그것 때문에 심판을 받게 된다. 개신교 전통에 의하면, 우리가 구원받는 것은 행위 때문이 아니라 믿음에 의해서다. 하지만 구원받는 것으로 모든 것이 다 끝난다고 생각해서는 안 된다. 한국 교회에는 구원받는 일에 직접적인 관계가 없으면 별로 중요하게 여기지 않는 태도가 널리 퍼져 있다. 돈을 다루는 것은 '행위'에 속하기 때문에 (구원에 직접적인 관계가 없으므로) 소홀히 해도 된다고들 생각한다. 하지만 하나님은 모든 만물을 인간에게 맡겨 관리하게 하셨고(창 1:26), 예수님은 우리를 '청지기'라고 부르셨다. 주인이신 하나님이 맡기신 것을 주인의 뜻대로 잘 관리하는 것이 청지기의 소임이다. 이 소임을 게을리한다면 어떤 식으로든 책임을 져야 한다. 예수님을 주님으로 영접했다고 해서 모든 허물이 덮어질 것이라고 생각해서는 안 된다. 다 함께 나누어야 할 재물을 자신의 욕구를 채우기 위해 허비한 것은 심각한 허물이며, 하나님은 그 허물을 물으실 것이다."

부자가 된다는 것은 거부하기 힘든 강한 '매력'을 가지고 있지만, 그에 못지 않은 '위험'을 품고 있음이 분명하다. 그 '매력'이란 마음의 욕구를 대부분 채워 줄 수 있는 돈의 힘에 있다. '위험'이란 현세적이고 물질적인 즐거움에 빠져 영성이 고갈될 가능성에서 온다. 부자가 됨으로써 얻을 수 있는 것과 잃을 수 있는 것이 있다. 부자로 살면서도 아무것도 잃지 않을 수 있다고 주장하는 사람들도 있다. 하지만 동서고금을 막론한 인류의 오랜 경험에서 나온 결론은 그 주장을 부정한다. 영적으로 충분히 성숙하지 않고는 풍요로운 환경에서는 타락하기 쉽다. 또 그렇게 성숙한 사람들은 물질적인 풍요에 별로 관심이 없다. 이렇게 본다면, 부자가 되는 것 혹은 부자로 사는 것은 영적 생활에 득보다 해를 더 많이 끼친다는 것이 틀림없다. 잠언의 한 말씀을 보자.

부자 되기에 애쓰지 말고
네 사사로운 지혜를 버릴지어다.
네가 어찌 허무한 것에 주목하겠느냐?
정녕히 재물은 스스로 날개를 내어
하늘을 나는 독수리처럼 날아가리라(잠 23:4-5).

우리의 부르심은 돈을 '정직하게 많이' 버는 것이 아니라 하나님의 뜻에 따라 의롭게 사는 것이다. 그것이 그리스도인의 유일한 목적이 되어야 한다. 그렇게 살아가는 사람에게 하나님은 물질을 많이 주실 수도 있다. 진정으로 거듭나 성숙한 사람은 하나님이 주신 많은 물질을 혼자서만 누리지 않고 모두 함께 행복하게 살기 위해 사용한다. 돈을 벌고 많은 부를 축적하는 것은 처음부터 그의 목표가 아니었기 때문에 욕심 없이 자신의 물질을 사용할 수 있다. 그렇기 때문에 성숙한 신앙의 사람은 부자의 범주에 머물러 있지 않는다.

토론을 위하여

부가 주는 유익을 생각나는 대로 열거해 보라. 그 유익 중 덕과 영성에 도움을 주는 것이 있는지 살펴 보라. 크레이빌이 말한 부의 다섯 가지 위험(38-41면)과 비교해 보라. 이 비교는 어떤 교훈을 주는가?

성찰을 위하여

부의 다섯 가지 위험 중, 지금 나에게 가장 위협적인 것은 무엇인가? 그 위험에 빠졌을 때 어떤 결과가 생기겠는가? 어떻게 하면 그 위험을 제거할 수 있을까?

더 읽을 책

자크 엘룰, 「하나님이냐 돈이냐」(대장간).

가난: 가난을 추구함으로 가난을 치유한다

3

> 간소하게, 간소하게, 간소하게 살라! 제발 바라건대, 여러분의 일을 두 가지나 세 가지로 줄일 것이며, 백 가지나 천 가지가 되도록 하지 말라. 백만 대신에 다섯이나 여섯까지만 셀 것이며, 계산은 엄지 손톱에 할 수 있도록 하라.
> —헨리 데이비드 소로우(Henry David Thoreau)

가난이란 무엇인가?

어느 정도의 재산을 가지고 있어야 부자라고 할 수 있는지를 객관적으로 정할 수 없는 것처럼, 가난을 규정하는 것도 불가능하다. 넓게 보는 사람은 어느 정도의 경제적 여력이 있더라도 충분하지 않은 상태를 가난이라고 생각한다. 좁게 보는 사람은 다른 사람에게 신세지지 않고는 정상적인 생활을 할 수 없는 상태를 가난이라고 생각한다. 미국에서는 자주 '적빈'(destitution)과 '가난'(poverty)을 구분하여 말한다. 예를 들면, 가톨릭 사상가인 도로시 데이(Dorothy Day)는 원치 않는 경제적 곤경에 빠진 경우를 '적빈'이라고 하는 반면, 스스로 택하여 검소하게 사는 것을 가리켜 '가난'이라고 부른다. 하지만 이러한 구분이 일반적으로 받아들여지지는 않는다.

가난의 기준을 객관적으로 정할 수는 없지만, 이 책에서 내가 '가난'이라는 말을 사용할 때는 다음의 두 가지 의미로 이해하면 된다. 첫째, 사회적 질병으로서의 '가난'을 말할 때는 생존이 위협당할 정도의 물질적 빈곤을 의미한다. 유엔(UN)에서 말하는 '빈곤선'(the poverty line) 아래의 상태를 가리킨다. '빈곤선'은 기본적인 생필품조차 갖추지 못한 상태다. 이 가난은 사람들이 추구하는 것이라기보다는 수동적으로 당하는 것이다. 둘째, 나는 이 책에서 빈곤의 문제를 치유하기 위해 적극적으로 추구해야 할 가난에 대해 말하기도 한다. 이 경우 가난은 정상적인 삶을 위한 기본적인 필수품에 만족하는 정도를 가리킨다. 보통 이것을 '단순한 삶'(simple life)이라고 부른다.[1] 검소하고 조촐하고 소박하게 살아가는 삶을 이르는 말이다.

'부자'라는 말은 오래 전부터 윤리적 용어로는 부정적인 의미에서 쓰였지만, '가난'은 부정적 의미로 쓰이기도 했고 긍정적 의미로 쓰이기도 했다. 앞에서 보았듯이, 부는 거의 예외 없이 사람을 타락시키기 때문에 주로 부정적인 의미로 쓰였다. 그러나 가난해진다는 것은 사람을 고통스럽게 하기도 하지만, 그 사람의 태도에 따라서 놀라운 자유와 새로운 시각을 제공하기도 한다. 그래서 장자는 "가난은 너의 보물이다. 결코 가난을 편한 생활과 바꾸지 말라"고 말했다.

청부론자들은 기독교의 이상이 청빈 사상이 아니라고 못박는다. 가난해지는 것은 결코 그리스도인이 꿈꿀 일이 아니라는 것이다. 의로운 삶의 결과로 가난해지는 것은 가치 있는 것이지만, 굳이 가난해지려고 해서는 안 된다고 한다. 피치 못해 가난해진다면 감수하겠지만 그것을 이상으로 삼아 추구할 필요는 없다고 한다. 그것이 성경의 사상이며 하나님의 뜻이며 예수님의 가르침이라고 한다. 그러나 이 주장은 복음에 대한 매우 심각한 왜곡이다. 그 문제점을 보기 위해 먼저 가난을 몇 가지로 나누어 살펴보자.

나랏님이 구제할 탁빈

첫째, 소위 탁빈(濁貧)이라고 부를 수 있는 가난이 있다. 갈브레이드가 말한 '상황적 가난'(case poverty)이 바로 그것이다.[2] 탁빈에는 두 가지가 있다. 하나는 게으르고 나태하고 안일한 생활 태도 때문에 겪는 가난이다. 성경은 이 가난을 칭찬하지 않는다. 오히려 생활을 규모 있게 하고 부지런히 일할 것을 권고한다. 잠언에는 게으르고 나태한 삶에 대한 경고가 많이 나온다. 예를 들면, "게으른 자는 마음으로 원하여도 얻지 못하나 부지런한 자의 마음은 풍족함을 얻느니라"(잠 13:4) 혹은 "게으름이 사람으로 깊이 잠들게 하나니 태만한 사람은 주릴 것이니라"(잠 19:15)고 경고한다. 바울 사도는 데살로니가 교인들에게 이렇게 말하고 있다.

> 너희에게 명한 것 같이 조용히 자기 일을 하고 너희 손으로 일하기를 힘쓰라. 이는 외인에 대하여 단정히 행하고 또한 아무 궁핍함이 없게 하려 함이라(살전 4:11-12).

'나랏님도 구제하지 못하는 가난'은 바로 이것을 두고 하는 말이다. 유교가 가르치는 청빈은 이렇게 규모 없이 나태하게 사는 것을 말하지 않는다. 이 가난은 치유할 대상이지 칭찬할 대상이 아니다. 이것은 부끄러운 가난이다.

하지만 어떤 사람의 가난을 두고 이 첫 번째 유형의 탁빈으로 판단하는 일에 조심해야 한다. 나태하고 게으른 모습 뒤에 숨겨져 있는, 더 깊은 원인을 보아야 할 때가 있기 때문이다. 천성적으로 게을러서 있는 재산까지 날리는 사람들도 있지만, 그 게으름과 나태함이 천성이 아니라 열악한 환경에서 얻은 질병일 경우가 더 많다. 이것은 무함마드 유누스(Muhammad Yunus)처럼 가난에 대해 경험적으로 연구한 사람들이 공통적으로 하는 증언이다.[3] 이들의 관찰에 의하면, 가난은 개인적인 문제보다 부조리한 사회 구조에서 기인하는 경우가 더 많다. 실제로, 우리 사회는 어느 정도 능력을 갖추고 웬만큼 '비빌 언덕'이 있으면 노력하는 만큼 좋은 결과를 얻을 수 있다. 하지만 그런 기회를 얻지 못했고 비빌 만한 언덕조차 없는 사람들도 많다. 이들은 타고난 운명을 바꾸기 위해 몸부림쳐 보지만 번번이 실패한다. 이것이 탁빈의 둘째 유형, 즉 '사회적 환경 때문에 당하는 가난'의 원인이다.

웬만큼 투지가 강한 사람이 아니면 반복되는 실패 앞에서 좌절하기 쉽다. 삶의 의지를 포기한다. 이렇든 저렇든 결과가 같다면 굳이 애써 노력할 필요가 없다고 생각한다. 노력한들 달라질 것이 없으므로 그냥 편하게 지내겠다는 태도다. 다른 사람의 눈에는 그가 게으르고 무책임하고 나약해 보일 것이다. 피상적으로 판단하는 사람들은 가난은 그가 마땅히 담당할 몫이라고 생각하고 동정하기를 거부한다. 하지만 이 가난은 그들이 선택한 것이 아니라 사회 구조가 강요한 것이다. 이것은 나랏님이 구제해야 하고, 구제할 수 있는 가난이다. 노력으로 상황을 호전시킬 수 있다는 믿음이 생기면 사람들은 힘을 되찾아 일하게 될 것이다.

이 둘째 유형의 탁빈에 대해 모르는 사람들은 예수님이 가난

3. 가난: 가난을 추구함으로 가난을 치유한다

한 사람들에게 특별히 관심을 보이시고 "가난한 자는 복이 있다" (눅 6:20)고 선언하신 이유를 이해하기 어렵다. 당시 갈릴리의 경제 상황에 대해 연구한 학자들은 극심한 빈익빈 부익부 현상을 공통적으로 지적한다.[4] 당시 갈릴리에서는 중산층이 붕괴되고 극빈층이 양산되고 있었다. 가난한 사람들은 대부분 먹고살기 위해 어쩔 수 없이 죄인이 된 사람들이었다. 당시의 사회 구조가 그들을 경제적으로 수탈했고, 종교적 구조는 그들을 죄인으로 정죄했다. 부를 누리는 사람들은 종교적 특권까지 누렸고, 가난한 사람들은 정죄를 받아야 했다. 예수님이 가난한 사람들을 당신 곁으로 부르시고 그들의 친구가 되어 주신 이유가 여기에 있다. 그들이야말로 하나님의 위로가 가장 필요한 사람들이었다.

유교적 이상, 청빈

둘째, 정직하고 정의롭게 살고자 하는 확고한 태도 때문에 가난해지는 경우가 있다. 우리 사회에는 전반적으로 그리고 깊숙한 곳까지 부조리가 스며 있기 때문에 정직하고 정의로운 태도를 고집하면 손해를 보는 경우가 많다. 그렇기 때문에 그리스도인답게 의롭고 바르게 살려는 사람은 물질적 손해를 감수할 각오를 해야 한다. 이렇게 하여 얻은 가난은 자랑할 만하다.

물론 정의롭게 살면서도 큰 돈을 버는 일이 가능하다. 다만, 그 가능성이 매우 낮을 따름이다. 이렇게 생각하는 것은 패배주의나 불신앙의 표현이 아니다. 진정한 믿음은 '믿음대로 살아도 부유해질 수 있다'고 믿는 것이기보다 성경적인 원칙을 따라 살면서 '가난해져도 끝까지 이 원칙을 버리지 않으리라'는 태도다. 하나님이 원하시는 진정한 승리는 정의로운 삶의 결과로 부를 일구는 것이 아니라 고난에도 불구하고 끝까지 원칙을 지키는 것이다. 정의를 지키면서도 물질적으로 불편하지 않을 정도로 사는 것은 아직 '어느 정도는' 가능하다. 하지만 그렇게 살면서 많은 돈을 모으는 것은 드문 일이다. 정의로운 사회를 만들어 가는 것이 우리의 과제이기는 하지만 정의의 '현실적 승리'를 항상 기대하기는 어렵다.

유교 전통에서 말하는 청빈이 바로 이것이다. 청빈은 부를 전적으로 부정하자는 것도, '나물 먹고 물 마시는 것'으로 만족하자는 것도 아니다. 부정한 이익을 거부하겠다는 대쪽 같은 선비 정신 때문에 가난해진다면 그것을 자랑스러워하라는 것이다. 다음에 인용하는 「논어」(論語)의 두 구절은 이 점을 분명히 한다.

> 부귀는 사람들이 바라는 것이지만
> 정당한 방법으로 되는 것이 아니라면 취하지 말아야 한다.
> 빈천은 사람들이 싫어하는 것이지만
> 정당한 방법으로 되는 것이 아니라면 벗어나지 말아야 한다.[5]

> 나라의 모든 일이 잘 되어 가고 있는데도
> 가난하고 천한 것은 부끄러운 일이요
> 나라의 모든 일이 잘 되어가고 있지 못한데도
> 부귀를 누린다면 부끄러운 일이다.[6]

여기서 공자는 의롭지 않은 방법으로 부를 얻고 누리는 것에 대해 부끄럽게 생각하라고 가르친다. 그는 정당한 방법으로 부를 얻는 것 혹은 나라 전체가 부강해짐으로 함께 부를 누리는 것을 거부하지 않는다. 이 점에서 보면 기독교 청부론과 유교의 청빈 정신이 별 차이가 없어 보인다.

영성적 가난

그러나 이 두 가지로써 성경이 말하는 가난에 대한 사상을 모두 설명할 수는 없다. 성경에서 특별히 강조하는 제3의 가난이 있기 때문이다. 그것은 자신의 소유를 나누어 스스로 가난함에 이르는 것이다. 크리소스톰(John Chrysostom)은 이를 '자발적 가난'(voluntary poverty)이라 불렀고, 프란체스코는 '성녀 가난'(Lady Poverty)이라 불렀다. 나는 이를 '영성적 가난'이라고 부르고자 한다. 영성을 추구한 결과로 이르는 가난이라는 뜻이다. 분에 넘치는 재물을 모으려 힘쓰지 않을 뿐 아니라, 손에 들어온 재물을 가난한 사람들과 나누어 가난에 이르는 것이다. 자기 수입에서 다른 사람의 몫을 떼는 데 만족하지 않고, 나에게 필요한 것 이외의 재화를 나누는 것이다. 이것은 어쩔 수 없이 당하는 가난이 아니라 적극적으로 소망해야 하는 가난이다.

우리가 가난을 소망한다고 할 때, 그것은 생필품조차 없이 사는 것을 가리키지 않는다. 생활에 필요한 것에 만족하고 검소하게 사는 것을 가리킨다. 주어진 물질에 만족하고 더 많은 것을 구하지 않는 자족하는 태도를 가지는 것이다. 기독교 윤리학자 조셉 플레처(Joseph Fletcher)는 복음서에 나타난 가난의 개념을 이렇게 정리한다.

아마도 복음서의 사상을 가장 단순하게 표현하라 한다면 '복음의 원리는 가난이지 적빈이 아니다'라고 할 수 있을 것이다.

꼭 필요한 만큼의 소유를 말하는 것이지 빈털터리가 되는 것
이 아니다. 복음서들은 '가진 자'와 '아무것도 없는 자'를 구분
하지 않는다. '너무 많이 가진 자'와 '필요한 것을 가진 자'에
대해 말할 뿐이다. 복음서들이 추천하는 것은 사치스런 삶을
거부하는 것이지 필수품을 거부하는 것이 아니다. 예수님은
가난한 사람, 소박한 사람, 최소한의 수입으로 살았던 '땅의
사람'(am haaretz)이었다. 그러나 그분은 거지가 아니었다.
그분의 제자들은 소박하게 살았지 빈털터리로 살지 않았다."

이것은 복음서에만 있는 사상이 아니다. 잘 알려져 있는 바울
의 고백을 생각해 보라. "그러므로 내가 그리스도를 위하여 약한
것들과 능욕과 궁핍과 박해와 곤고를 기뻐하노니 이는 내가 약한
그 때에 강함이라"(고후 12:10). 여기서 보듯, 바울이야말로 '낙
빈(樂貧)의 도'에 이르렀던 사람이다. 그는 공자가 말하는 '가난
하면서도 즐거워할 줄 아는 사람'(貧而樂)이었다.⁸ 그것은 마조
히즘(masochism)적인 병적 상태가 아니다. 성령께서 공급해 주
시는 거룩한 능력이다.

'카이로의 넝마주이'라는 별명의 엠마뉘엘 수녀(Soeur Emma-
nuelle)는 '가난을 소망함'에 대해 이렇게 말한다.

가난을 소망한다는 것, 그것은 소유욕으로부터 자신을 해방시
키고자 하는 것이다. 물질에 대한 근심을 떨쳐 버리는 것은 타
인들에게 헌신할 수 있는 능력 또한 해방시켜 준다. 그 목표는
지상의 부를 거부하는 데 그치지 않는다. 강요된 가난으로 고
통받는 이들에게 열린 마음, 그들과 공감할 수 있는 가난한 마

3. 가난: 가난을 추구함으로 가난을 치유한다

음을 생겨나게 하는 것이다.

자기 자신은 온갖 좋은 것을 누리면서 어떻게 그것들이 없는 처지의 잔혹함을 느낄 수 있겠는가? 자신은 부유하고 그들은 가난하다면 시기심과 질투심, 나아가 증오심마저 불러일으킬 위험이 있지 않을까? 참된 자비를 행하려면, 즉 가난한 이들을 위해 그들과 더불어 투쟁하려면 먼저 우리가 돕고자 하는 이들과 동일한 처지에 서야 한다."

자신의 일터에서 정직하고 의롭게 살도록 노력하는 한편, '자발적 가난'을 열망하는 데까지 이르는 것이 예수님의 뜻이다. 예수님은 우리에게 이웃에 대한 책임감을 요청하신다. 헐벗고 굶주린 한 사람에게 한 것이 곧 자신에게 한 것이라고 말씀하시며 우리의 소유를 나누라고 하신다. 이 요청을 곧이곧대로 실천하는 사람들이 많다. 그들이 미성숙하고 건강하지 못해서가 아니다. 그들이야말로 진정 성숙한 사람들이다. 이 요청은 일부에게만 주어진 것이 아니라 모든 그리스도인들에게 주어진 것이다.

다만, 우리의 믿음이 부족하여 충분히 그렇게 하지 못할 뿐이다. 그러므로 지금 우리에게 있는 믿음의 분량에 따라 소유를 나누고, 더 많이 나눌 수 있도록 기도하고 노력해야 한다. 이렇게 산다면 살림살이가 점점 줄어든다. '나눔으로 가난해진다'는 말은 빈털터리가 된다는 뜻이 아니라 분에 넘치는 재물을 혼자 누리지 않는다는 뜻이다. 기름진 것을 먹고 호화롭게 살기를 거부하고 소박하게 살며 가난한 형제들을 보살피는 것이다.

결론적으로 부에 대한 성경의 사상은 유교의 청빈 사상을 포함하지만 그것을 훨씬 넘어선다. 그리스도인들은 자족하는 법을 배우고 불의한 재물에 욕심을 두지 않는다. 그 결과로 가난해지는 것을 두려워하지 않는다. 오히려 기뻐한다. 그렇게 살면서도 많은 재물을 얻게 되면 어떻게 해야 하는가? 이 점에서 유교의 청빈 사상과 기독교 청부론의 입장은 일치한다. 깨끗한 재물이니 마음껏 누려도 된다는 것이다. 하지만 성경은 달리 말한다. 그것을 가난한 사람을 위해 사용하라는 것이다. 자발적 가난으로 세상의 가난을 치유하라는 것이다.

가난의 유익

가난은 단지 다른 사람의 고난을 덜어 주는 의미에서만 가치 있는 것이 아니다. 원치 않는 가난이든 스스로 택한 가난이든, 시각을 달리하면 그것은 많은 유익을 준다. 앞에서 크레이빌이 지적한 부의 위험을 뒤집으면 가난의 힘이 된다. 크레이빌이 지적한 다섯 가지의 위험을 뒤집어 가난의 유익을 생각해 보자.

첫째, 부가 영적 생활의 목을 조른다면 가난은 영적 생활을 자유하게 한다. 가난에서 벗어나 부유해지려고 분투하는 사람은 부자와 다를 바 없다. 그 사람은 부자보다 더 근심이 많기 때문에 영적으로 더 큰 어려움을 겪는다. 그러나 스스로 가난을 택하고 그것을 즐기는 사람은 다르다. 그 사람은 관심을 빼앗길 것이 그만큼 적으므로 하나님의 뜻을 좀더 밝히 알고 실천하는 데 더 전념할 수 있다.

둘째, 부를 많이 소유하게 되면 자신의 삶을 스스로 보장하려는 유혹을 받게 되지만 자발적으로 가난을 택한 사람은 하나님께 믿음을 둔다. 그는 진정한 안전 지대는 하나님께 있음을 안다. 자신의 삶을 스스로 보장하려 하지 않는다. 그러나 청부론자들은

3. 가난: 가난을 추구함으로 가난을 치유한다

이러한 태도가 남에게 폐를 끼칠 수 있음을 염려한다. 이 입장에도 일리는 있다. 오늘날과 같은 사회에서 자립적으로 살아가려면 어느 정도의 수입이 필요하고 저축도 필요하다. 하지만 그렇다고 재산을 아무리 많이 소유해도 좋다고 말하는 것은 잘못이다.

셋째, 부는 우리 눈을 멀게 하지만 가난은 눈을 뜨게 해준다. 가난한 사람은 낮은 자리에서 눈물 흘리며 아파하는 사람들을 볼 수 있다. 존 허기(John C. Haughey)는 '맘몬 병'(mammon illness)의 증상 중 하나가 '무감각'(numbness)이라고 지적한다.[10] 나사로 이야기에 나오는 부자는 호의호식하느라 자기 집 밖에서 고통당하는 사람들을 보지 못했고 그들의 고통을 느끼지 못했다. 스스로 택한 가난은 다른 사람들의 고난을 보게 해주고 그들의 아픔을 느끼게 해준다. 내가 아는 어떤 구호 단체의 통계를 보면, 후원자들이 대부분 중산층 이하다. 소득이 많아야 남을 도울 수 있을 것 같지만, 실제로는 그렇지 않다. 부잣집 아이가 "쌀이 없으면 돈 주고 사면 되지 왜 굶느냐?"고 했다는 우스갯소리도 있듯이, 부는 우리 눈을 멀게 한다.

넷째, 부는 우리 자신을 지배자로 만들지만 가난은 겸손하게 만든다. 가난한 사람은 자신의 한계를 알고 하나님께 의지할 줄 안다. 도움의 손길을 감사히 여기며 다른 사람을 도울 줄도 안다. 필요한 것을 스스로 모두 해결할 수 있는 사람은 하나님의 도움도, 이웃의 도움도 원치 않는다. 그것은 스스로 부의 감옥에 갇히는 것이다. 목숨이 붙어 있고 재산만 있으면 다 된다는 착각 속에 빠져 버린 것이다. '어리석은 부자의 비유'(눅 12:13-21)가 이 진실을 가르쳐 준다. 헨리 나우웬(Henri Nouwen)이 잘 지적하듯, '받는 것'은 매우 귀중한 영적 훈련이다.[11]

다섯째, 부를 잘못 다루면 심판에 처하게 되는 반면, 스스로 택한 가난은 그런 위험을 원천적으로 제거한다. 재물 관리에 대한 책임 추궁이 두려워 가난을 택하는 것은 소극적인 태도다. 하지만 가난한 삶에는 그런 위험이 원천적으로 존재하지 않는다는 것은 부정할 수 없다. 게다가, 스스로 택한 가난은 하나님이 맡겨 주신 재물을 제대로 관리했다는 삶의 증거가 되기도 한다.

이렇게 보면 모든 형태의 가난을 척결 대상으로 여기는 것은 잘못이다. 사회적 질병으로서의 가난은 치료해야 할 대상이지만, 자발적으로 택하는 단순한 삶은 적극적으로 추구해야 할 것이다. '빈곤은 악이다'라는 말이 '부는 선이다'라는 말과 통하는 것은 아니다. 지나친 가난은 악이지만, 스스로 택한 가난은 선이다.

따라서 "나는 부자로 사는 것이 좋다"는 말은 성숙한 그리스도인이 할 말이 아니다. 성경의 가르침대로라면, "나는 가난이 싫어. 하지만 무섭지는 않아"[12]라고 말하던 사람이 성숙해져서 "나는 솔직히 부하게 사는 것이 아직도 좋아. 하지만 그래서는 안 되지"라고 말할 것이다. 그리고 한 걸음 더 나아가, 우리는 "나의 약한 것을 자랑하리라"(고후 11:30)고 했던 바울의 경지에 이를 수 있다. 이 말을 경제적인 차원으로 바꾸면 이렇게 된다. "나는 가난을 자랑하리라." 이것은 믿음이 없는 패배주의적 고백이 아니라 믿음에 근거한 승리주의적 고백이다. 우리는 이 경지에까지 이르도록 부름받았다.

3. 가난: 가난을 추구함으로 가난을 치유한다

토론을 위하여

가난이 가지고 있는 위험 요소를 열거해 보라. 그것이 영성에 어떤 피해를 주는지 생각해 보라. 그 위험 요소들과 이 장에서 열거한 가난의 유익을 비교해 보라. 어떤 교훈을 얻을 수 있는가?

성찰을 위하여

가난의 유익에 대한 확신이 들 때까지 스스로 질문하고 대답하며 묵상하라. 당신의 살림살이를 보고 당신의 영성이 어느 단계에 와 있는지 평가해 보라.

더 읽을 책

엠마뉘엘 수녀, 「풍요로운 가난」(마음산책).

4
복 : 쌓음이 아니라 나눔에 있다

> 거룩한 열망은 우리가 제거하는 물질적 욕망의 양만큼만 우리 마음에 채워진다. 그러므로 자신을 채우고 싶어하는 그것들을 먼저 비워 버려야 한다. 좋은 것으로 채워지기를 바란다면 악한 것들을 먼저 쏟아 버려야 한다.
> −어거스틴(Augustine of Hippo)

청부론과 기복주의

지난 반 세기 동안 한국 교회의 큰 흐름을 형성했던 부흥회적 영성은 '기복주의'라는 비판을 면하지 못했다. 부흥회에서 말하는 '복'은 대개 물질적인 것이었고, 부흥사들은 복을 얻는 첩경으로 신앙적 헌신을 요청했다. '잘 믿으면 만사 형통한다'는 메시지는 부흥회에서 쉽게 들을 수 있는 것이다. 최근 청부론을 선전하는 사람들은 이들과의 차별성을 꾀한다. 그들은 교회 일에 충성만 하면 무조건 만사 형통한다고 말하지는 않는다. 바른 생활과 바른 신앙을 강조한다. 옳게 믿고 옳게 살아야 한다고 가르친다. 자신의 수입에서 다른 사람의 몫을 반듯하게 떼라고 요구한다. 그렇게 하면 결국 물질적인 복을 받게 된다고 말한다. 그러면서 그들은 청부론이 기복주의와 다르다고 강조한다.

하지만 문제가 그렇게 간단한 것은 아니다. 그들의 말을 주의 깊게 들어 보면 여전히 기복주의의 한계를 벗어나지 못하고 있는 것 같다. 왜 그런가? 청부론에서의 '축복론'을 보자. 그들은 하나같이 참된 복이 많은 물질을 누리는 데 있지 않고 영적인 데 있다고 말한다. 하나님과 어떤 관계를 맺느냐가 진정한 복이라고 말한다. 그러나 그렇게 말하고 나서 곧바로 '하지만 물질적인 복도 잘못된 것은 아니다'라거나 '좋은 신앙의 결과로 물질적인 복이 따라온다'고 말한다. 참된 복은 하나님과의 관계지만 물질적인 풍요에 대해서도 열린 자세를 가지라고 한다. 이 말은 옳지만, 문제는 그 이후의 논의에서는 강조점이 '하나님과의 관계'에서 '물질적인 풍요'로 신속히 옮겨간다는 데 있다. 결론에 이르면 하나님과의 관계는 물질적 풍요를 얻는 수단이 된다.

이 주장이 왜 기복주의의 혐의를 벗어날 수 없는가? 기복주의의 핵심은 신앙의 목적을 하나님과의 관계나 존재의 변화에 두지 않고 물질적이고 현세적인 데 두는 것이다. 청부론을 주장하는 사람들은 '하나님과의 관계'나 '존재의 넉넉함'을 충분히 강조하고 있는 것처럼 보인다. 하지만 그들의 결론은 '소유의 넉넉함'으로 귀결되며, '풍요로운 삶을 얻기 위해 제대로 믿으라'는 주장에 이른다. 이것은 '존재의 넉넉함'과 '소유의 넉넉함'을 모두 가지려는 욕심 즉 하나님과 돈을 함께 가지려는 욕심을 조장할 수 있다. 그들은 '우선 순위'만 제대로 하면 된다고 말하지만, 예수님은 '우선 순위'를 말씀하신 것이 아니라 '선택'을 말씀하셨음을 잊지 말아야 한다.

그렇다면 진정한 복은 무엇이며, 우리는 물질적인 복에 대해서 어떤 태도를 가져야 하는가? 우선 이 질문에 대해 성경이 어떻게 대답하는지 살펴보기로 하자. 어떤 문제를 연구하든 성경을 자료로 삼을 때는 두 가지를 명심해야 한다. 첫째, 구약의 사상과 신약의 사상을 잘 연결시켜야 한다. 신약의 계시를 무시하고 구약의 계시만을 취하는 것은 올바른 해석이 아니다. 기독교적 성경 해석을 위해서는 언제나 구약의 계시를 신약의 빛에서 재조명해야 한다. 둘째, 자신의 목적에 부합하는 본문만 선택하지 않도록 조심해야 한다. 최대한 자료를 공정하게 전체적으로 살펴야지 어느 한 본문을 선택하여 그것이 성경의 사상 전체를 대변하는 것처럼 주장해서는 안 된다. 이를 명심하고 성경을 살펴보자.

구약 성경에서의 복

하나님과의 관계가 참된 복이라는 사상은 구약 성경에서도 발견된다. 시편의 몇 구절을 인용해 보자.

주께서 생명의 길을 내게 보이시리니
주의 앞에는 충만한 기쁨이 있고
주의 오른쪽에는 영원한 즐거움이 있나이다(시 16:11).

주께서 택하시고 가까이 오게 하사
주의 뜰에 살게 하신 사람은 복이 있나이다.
우리가 주의 집
곧 주의 성전의 아름다움으로 만족하리이다(시 65:4).

시편에는 이와 유사한 구절들이 많다. 예언서도 마찬가지다. 예언자들이 자주 비판 대상으로 거론하는 사람들은 물질적인 쾌락에 빠져 하나님의 뜻을 외면하는 부자들이다.[1] 단순화시키자면, 예언자들의 메시지는 '물질적 쾌락을 버리고 하나님께 돌아오라'는 것이라 할 수 있다. 하나님과의 바른 관계 안에 참된 희망이 있다는 것이 구약 신앙의 정수다.

반면, 구약에는 현세적, 물질적, 소유적 관점에서 복을 정의하는 것처럼 보이는 본문들이 꽤 있다. 특히, 모세는 이스라엘 백성에게 율법을 전해 주면서 그 대가로 현세적, 물질적 축복을 약속했다.

> 너희가 이 모든 법도를 듣고 지켜 행하면 네 하나님 여호와께서 네 조상들에게 맹세하신 언약을 지켜 네게 인애를 베푸실 것이라. 곧 너를 사랑하시고 복을 주사 너를 번성하게 하시되 네게 주리라고 네 조상들에게 맹세하신 땅에서 네 소생에게 은혜를 베푸시며 네 토지 소산과 곡식과 포도주와 기름을 풍성하게 하시고 네 소와 양을 번식하게 하시리니 네가 복을 받음이 만민보다 훨씬 더하여 너희 중의 남녀와 너희의 짐승의 암수에 생육하지 못함이 없을 것이며 여호와께서 모든 질병을 네게서 멀리 하사 너희가 아는 애굽의 악질에 걸리지 않게 하시고 너를 미워하는 모든 자에게 걸리게 하실 것이라(신 7:12-15).

이스라엘 백성이 율법을 지키면 하나님은 그들에게 '인애'('헤세드': 변치 않는 사랑. 헬라어의 '아가페'에 해당한다)로 보답하실 것이다. 그것은 삶의 모든 영역에 복을 주시는 것으로 표현된다. 자손이 늘고 토지를 차지할 것이며 심는 대로 풍성하게 거둘 것이고 병에 걸리지 않을 것이다. 이 네 가지는 예로 든 것에 불과하며 더 열거하자면 한이 없다. 간단히 말하자면, 율법을

4. 복: 쌓음이 아니라 나눔에 있다

잘 지킨 사람은 만사가 형통하다.

이런 말씀들을 피상적으로 읽으면 청부론의 축복관이 성경적인 것처럼 보인다. 모세가 말하는 '율법 준수'와 청부론에서 말하는 '바른 믿음과 바른 행실'은 별로 달라 보이지 않는다. 그 조건을 충족시키면 물질적·현세적 복을 받게 된다는 공식도 같은 것 같다. 구약학자들에 의하면, 소위 '신명기적 사고'라고 불리는 이 '축복의 공식'이 구약 시대와 초기 유대교(에스라 이후부터 주후 1세기까지)시대에 대중의 사상을 지배했다. 이 공식에서 보면 부자와 권력자는 하나님께 복 받은 의인이고 가난한 자는 징계받은 죄인이다.

하지만 이것은 구약 성경을 오해한 것이다. 무엇보다도, 율법의 약속을 '축복의 공식'으로 만든 것은 하나님의 의도에서 벗어난다. 율법을 지키는 목적은 잘 먹고 잘 사는 것이 아니라 하나님과 바른 관계를 갖고 그분의 뜻에 따라 살아가는 데 있다. 물질적인 복에 대한 약속은 하나님이 그렇게 사는 사람들을 책임져 주실 것이라는 보장이다. 분명 하나님은 현세에서 성공할 목적으로 율법을 지키려는 사람을 칭찬하지 않으실 것이다. 그 사람의 마음 중심은 하나님이 아니라 자신에, 하나님의 뜻을 이루는 것이 아니라 자신의 욕심을 이루는 것에 있기 때문이다. 중심을 보시는 하나님이 그 태도를 옳다고 하실 리 없다. 율법에 담긴 하나님의 본래 의도를 제대로 본다면 그리고 구약 성경 전체의 사상을 균형 있게 본다면 현세적, 물질적 번영을 위해 율법을 지키는 것은 잘못이다. 그럼에도 많은 사람들이, 예나 지금이나 자신의 욕구에 들어맞는 말씀만 취사 선택하여 자기 편의대로 해석해 왔다.

'구약적 청부론'(구약의 일부 구절을 근거로 하여 전개한 청부론)의 문제가 무엇인가? 오덕호 목사는 이 사고가 가지는 두 가지 위험 요소를 다음과 같이 지적한다. 첫째, 이 사고에 젖게 되면 물질적인 조건에 따라 자신을 잘못 평가할 위험이 생긴다. 가난한 것이 불신앙의 증거로 혹은 부유한 것이 높은 경건의 증거로 오인될 수 있다는 말이다. 둘째, 이 사고 방식에서는 항상 물질적인 면에 관심을 가지게 되기 때문에 영적이고 의로운 삶을 소홀히 하게 된다. 영적이고 의로운 삶은 단지 더 많은 물질을 얻기 위한 수단이 되어 버린다.[2]

뿐만 아니라, 물질에 대한 책임 의식보다는 특권 의식이 더 강해진다. 그렇기 때문에 그 물질을 개인적 욕구를 위해 사용하는 잘못을 범하게 된다. 이러한 위험에 오래 방치되면 그 사람의 영성은 굳어지고 교만해지고 무감각해진다. 그것은 영적 타락의 가장 전형적인 특징이다. 앞에서 말한 부의 위험에 무방비 상태로 노출되는 것은 영적 패망의 지름길이다.

예수님이 가르치신 복

신약 성경에는 복에 대해 오해할 여지가 상대적으로 적다. 신약 성경만으로 청부론을 펴는 것은 거의 불가능할 정도로 복이 무엇인지에 대한 입장이 명료하다. 예수님은 산상설교 서두에 기록된 '행복 선언'(소위 '팔복')에서 진정한 복이 무엇이며, 그 복을 얻는 사람이 누구인지를 분명하게 천명하셨다. 마태복음 5:3-12에는 "복이 있나니"는 어구가 아홉 번 반복된다(헬라어 원문에는 "복이 있나니"는 선언이 항상 먼저 나온다). 이 중에서 11절과 12절은 앞의 선언에 대한 요약이다. 그래서 '구복'이라 하지 않고 '팔복'이라 한다.

3절부터 10절까지의 여덟 연은 각각 다시 두 행으로 나뉘는데, 앞에서는 행복한 사람이 누구인지를, 뒤에서는 왜 그 사람이 행복한지를 밝힌다. 뒷행의 선언을 종합해 보면, 예수님이 무엇을 참된 복이라고 생각하셨는지를 알 수 있다.

3절: 천국 안에 사는 것(하나님의 다스림 안에 산다는 뜻).
4절: 하나님의 위로를 받는 것('위로'의 주체는 하나님).
5절: 땅을 유산으로 받는 것('땅'은 흔들리지 않는 삶의 상징).
6절: 하나님의 의로 배부르는 것.
7절: 하나님의 긍휼히 여김을 받는 것.
8절: 하나님을 뵙는 것.
9절: 하나님이 당신의 자녀로 인정해 주시는 것.
10절: 천국 안에 사는 것.

이것이 예수님이 생각하시는 복의 정체다. 여덟 가지 정의를 종합하면 다음과 같이 요약할 수 있다. 참된 복은 하나님과의 관계에서 결정된다. 하나님의 다스림을 받고 그분을 뵙고 그분과의 관계 속에서 그분의 뜻을 발견하고 그분의 위로와 힘을 얻고 소명을 이룸으로 그분의 자녀로 인정받는 것이 진정한 복이다. 예수님의 제자라면 이 복을 최우선적으로 갈망하며 살아야 한다. 이를 위해서라면 모든 것을 다 버릴 수 있어야 한다.

그렇다면 이러한 복을 추구하는 사람은 어떻게 살아가는가? 이번에는 각 연의 앞 부분을 정리해 보자.

3절: 심령이 가난함(영적인 배고픔을 느낀다).

4절: 자신과 세상을 위해 아파함.
5절: 온유함(무력하게 당함; 참고. 시 37편).
6절: 하나님의 의를 추구함.
7절: 다른 사람의 아픔에 동참함.
8절: 마음이 청결함(하나님의 뜻에 마음이 모아져 있음).
9절: 평화를 위해 일함('평화'는 '온전함').
10절: 하나님의 뜻을 이루기 위해 고생을 자초함.

여기서 보듯, 참된 복을 누리는 사람들은 저절로 부해지고, 강해지고, 높아지고, 형통하는 것이 아니라 하나님의 의를 이루기 위해 가난해지고, 약해지고, 낮아지고, 고생의 길을 간다. 예수님의 제자는 물질적인 복이 아니라 영적인 복을 갈망하는 사람이다. 영적인 복을 추구하는 사람은 하나님의 뜻을 찾고 이웃의 아픔에 동참하며 모든 생명을 온전하게 하기 위해 노력한다. 그러므로 그에게는 만사 형통의 길이 아니라 '좁고 협착한 길'(마 7:14)이 기다리고 있다. 하지만 그는 하나님의 능력으로 그 좁은 길을 걸어간다.

예수님은 물질적인 것에 대해서는 '하나님이 주시는 것'에 만족하고 살아가라(마 6:33)고 말씀하셨다. 자족할 줄 알라는 말이다. 더 많은 것, 더 좋은 것을 누리려고 하지 말라는 것이다. 제자들을 파송하시면서 예수님은 "어떤 성이나 마을에 들어가든지 그 중에 합당한 자를 찾아내어 너희가 떠나기까지 거기서 머물라"(마 10:11)고 명령하셨는데, 이 말씀은 더 좋은 대접을 받기 위해 이 집 저 집 돌아다니지 말라는 뜻이다. 하나님이 무엇을 주시든, 그것으로 만족하라는 뜻이다. 그분 자신이 그렇게 사셨다.

4. 복: 쌓음이 아니라 나눔에 있다

필립 얀시(Philip Yancey)는 팔복에 대한 자신의 생각의 변화를 서술하면서 결론적으로 이렇게 말한다.

> 내가 처음 팔복을 접했을 때는 도무지 정신 없는 신비주의자가 가능하지도 않은 이상을 지껄인 것에 불과하게만 들렸다. 그러나 지금은 노먼 슈왈츠코프 장군 못지않은 현실주의자가 선언한 참된 진실임을 알게 되었다. 예수는 인생이 어떻게 돌아가는지 알았다. 이 세상에서뿐 아니라 하늘 나라에서도 말이다. 그 자신은 가난과 슬픔, 유순함, 의를 향한 목마름, 자비, 정결함, 화평 그리고 박해로 특징지어진 삶을 살았다. 그리고 그 삶 안에서 팔복을 구현한 것이다. 어쩌면 그는 애초에 우리들보다 자신을 향한 말로 팔복을 정리했던 것인지도 모른다. 워낙 그의 생애는 그 힘든 진리를 실천해 볼 기회가 많았을 테니까.[3]

바울이 말하는 복

이 사상은 바울로 넘어가도 마찬가지다. 청부론자들은 빌립보서 4:18("내게는 모든 것이 있고 또 풍부한지라")과 4:19("나의 하나님이 그리스도 예수 안에서 영광 가운데 그 풍성한 대로 너희 모든 쓸 것을 채우시리라")을 근거로 바울이 결코 가난하지 않았다고 주장한다. 바울은 그 자신이 물질적인 풍요를 누렸을 뿐 아니라, 빌립보 교인들이 물질적으로 풍요롭게 살기를 기원했다고 한다. 그러나 이는 성경을 너무 '피상적'이고 '선택적'으로 본 것이다.

'피상적'이라고 말하는 이유는 지금 바울이 가택 연금 상태에 있는 죄수이며 4:11에서 '자족하는 비결'을 말했음을 무시했기 때문이다. 가택 연금에 있는 죄수가 물질적인 풍요를 누리면 얼마나 누렸겠는가? 그가 '내게 모든 것이 있다'고 말한 것은 자족하는 태도의 표현이다. 그가 말하는 '모든 것'은 '가지고 싶은 모든 것'이 아니라 '최소한의 생필품'을 가리키는 것이 분명하다. 그러니 이 구절을 근거로 바울이 가난하지 않았다고 주장하는 것은 '피상적'이라는 비판을 면할 수 없다.

'선택적'이라고 말하는 이유는 바울이 가난에 대해 말한 많은 말씀들을 제쳐 두고, 꽤 이례적인 표현을 사용하는 빌립보서 4:17, 19만을 부각시켰기 때문이다. 이것은 심하게 말하면 '정보 조작'이다. 바울의 편지를 전체적으로 보면 그가 풍족함을 누리지 않았음을 알 수 있다. 때로는 헌금이 많이 들어올 때도 있었다. 하지만 그는 개인적인 목적을 위해서 그 돈을 쓰지 않았다. 오히려 그의 생애는 박해와 고난과 가난의 연속이었다.

로마서에서 바울은 자신에게 그리스도의 사랑이 얼마나 중요한지를 고백하면서 이렇게 말한다. "누가 우리를 그리스도의 사랑에서 끊으리요. 환난이나 곤고나 박해나 기근이나 적신이나 위험이나 칼이랴"(롬 8:36). 바울이 여기서 가정법을 쓴 것이 아님을 기억하라. 고린도전서 4:11에서 바울은 "바로 이 시각까지 우리가 주리고 목마르며 헐벗고 매맞으며 정처가 없다"고 밝힌다. 고린도후서 11:23-28에서 그는 말씀을 전파하면서 겪은 수많은 종류의 고난에 대해 열거한다. 그는 "여러 번 자지 못하고 주리며 목마르고 여러 번 굶고 춥고 헐벗었노라"고 강조한다. 하지만 그는 그것에 짓눌리지 않았다. 성령의 능력으로 그 모든 것을 이겨내고 믿음을 지켰으며 달려갈 길을 다 달렸다. 그것이 믿음의 승리다. 성령의 능력으로 모든 환난을 피하고 잘 먹고 잘 사는 것이 믿음의 승리가 아니다. 이 자족의 태도는 고린도후서 6장에 기록된 고백에서 절정에 이른다.

> 우리는 속이는 자 같으나 참되고
> 무명한 자 같으나 유명한 자요
> 죽은 자 같으나 보라 우리가 살아 있고
> 징계를 받는 자 같으나 죽임을 당하지 아니하고
> 근심하는 자 같으나 항상 기뻐하고
> 가난한 자 같으나 많은 사람을 부요하게 하고
> 아무것도 없는 자 같으나 모든 것을 가진 자로다(6:8-10).

진정한 복

이렇게 본다면 청부론의 '복 신학'은 구약의 일부 본문만을 택하여 왜곡시킨 결과임을 알 수 있다. 구약과 신약을 전체적으로 평가한다면 이러한 '복 신학'은 근거를 잃는다. 성경에서 말하는 복이란 하나님과 연합하여 그분 안에서 자신의 소명을 발견하고 그것을 이루어 가는 것이다. 그것이 참된 행복인 이유는 존재의 근거이신 하나님과 연합함으로 진정한 안식을 누리고, 하나님 안에서 소명을 발견함으로 의미로 충만해지고, 그 소명을 이루어 감으로 자신의 존재가 영원함을 확인하기 때문이다. 이로 인해 얻는 기쁨은 다른 무엇과 비교할 수 없다. 어떤 고생도 어떤 유혹도 이 기쁨을 아는 사람을 흔들 수 없다. 예수님이 그렇게 사셨고 바울이 그렇게 살았다. 히브리서 11장에서 열거한 구름 같은 증인들이 모두 그렇게 살다 갔다.

예수님의 제자가 되는 것은 만사형통의 넓은 길을 가는 것이 아니라 좁고 험한 길을 가는 것임을 잊지 말아야 한다. 영국 시인 조셉 애디슨(Joseph Addison)은 다음과 같이 말했다. "우리가 받는 참된 복은 자주 아픔과 손실과 실망스러운 모습으로 보인다. 하지만 인내심을 가지고 지켜보라. 머지 않아 참 모습을 볼 수 있으리라." 그러나 이러한 시각의 변화는 시간이 해결해 주지 않는다. 하나님과의 사귐을 통해 영적인 눈을 떠야 한다. 그러면 좁고 험한 길을 가는 것이 왜 참된 복인지를 깨닫게 된다. 이 눈을 뜨기 전에는 청부론이 훨씬 더 매력적이고 설득력 있게 들릴 것은 너무나도 당연한 일이다.

토론을 위하여

그 동안 당신이 복이라고 생각했던 것은 무엇인가? 교회에서 일반적으로 가르쳐 온 복은 어떤 것인가? 그것이 정말 참된 복인지 토론해 보자.

성찰을 위하여

당신은 사회적 기준으로 볼 때 얼마나 복된 환경에 있는가? 신앙적 기준으로 볼 때 당신은 얼마나 복된 사람인가? 당신은 어떤 복을 더 좋아하는가? 예수님이 말씀하신 복에 대한 확신이 들 때까지 깊이 묵상하라.

더 읽을 책

필립 얀시, 「내가 알지 못했던 예수」(요단).

제2부

욕망으로부터 자유한 삶

거룩한 복종은 모든 이기적 욕망을 수치스럽게 만든다.
그것은 저급한 본성을 억제하여
성령과 이웃을 위해 섬기도록 만든다.
- 아시시의 프란시스(Francis of Assisi)

인간에게 있어서 절제는 칭송받아 마땅하다.
왜냐하면
그것은 자연적으로 생기는 것이 아니라
의지를 통해 훈련되는 것이기 때문이다.
- 락탄티우스(Lactantius)

욕망: 욕망은 치료하고 다스릴 대상이다

> 영적 훈련은 우리의 모든 욕망을 뿌리 뽑는 방법이 아니다. 그것은 많은 욕망을 정리하고, 하나 하나의 욕망이 서로 도움이 되게 하고, 모두 함께 하나님을 섬기게 하는 방법이다.
> —헨리 나우웬

금욕주의

여기까지 읽고 나면 다음과 같은 질문이 생길 수 있다. "그렇다면 결국 금욕주의로 가자는 말이 아닌가? 하나님이 마음껏 누리라고 하셨는데 왜 그 권리를 포기하라고 하는가? 예수님은 금식을 중단하고 축제를 즐기지 않으셨는가?" 실제로 많은 사람들이 이렇게 말한다. "하나님은 우리에게 마음껏 즐기며 살 권리를 주셨다. 따라서 내가 정당하게 얻은 소유로 물질적 행복을 누리는 것은 죄가 아니다. 오히려 하나님이 원하시는 일이다. 그것을 부정하는 금욕주의는 하나님 뜻에 어긋난다. 금욕주의는 기독교 사상이 아니다. 그러니 기쁘게 누리자."

여기서 보듯, 많은 사람들이 금욕주의에 대한 부정적인 선입견을 가지고 있다. 고행을 통해 참다운 깨달음에 이를 수 있다는 믿음에 따라 '모든' 욕망을 '철저히' 억압하는 태도를 금욕주의라고 생각하는 것이 보통이다. 「랜덤 하우스 사전」(*The Random House College Dictionary*)에 보면 '금욕주의자'(ascetic)라는 단어를 정의하면서 첫째 항목에서 이렇게 말한다. "종교적 목적을 위해 극도의 자기 부정과 자기 억압을 실천하는 사람." 중립적이어야 할 사전도 금욕주의에 대해 부정적인 시각을 드러낸다. 이것이 금욕주의에 대한 일반적인 입장이다.

동남아를 여행하면 금욕주의적 수도사들을 많이 볼 수 있다. 인간의 한계에 도전하는 그들의 모습을 보면 놀라지 않을 수 없다. 2001년 「기네스 북」에는, 한 팔을 들고 있는 것이 신을 영화롭게 한다고 믿고 십여 년 동안 팔을 들고 수행하는 어느 수도사의 사진이 나온다. 치켜든 그의 팔은 뼈만 앙상하게 남아 있고 손가락들은 서로 붙어 버리고 말았다. 그의 종교적 열성은 정말 놀랍지만, 그것이 올바른 수행이라는 데는 동의할 수 없다.

그러나 이러한 극단적 행동만을 보고 금욕주의를 전면적으로 부정해서는 안 된다. 진정한 의미의 금욕주의는 앞에 인용한 사전에 제시된 둘째 정의로 이해해야 한다. "인생의 일반적인 쾌락을 절제하고 물질적인 만족을 스스로 부정하는 사람." 이 정의에 따르면 기독교 신앙은 근본적으로 금욕적이다. 극단적 금욕주의는 기독교 정신에 위배되지만, '금욕적 경향을 제거한 기독교' 역시 상상할 수 없다. 성경에서 몇 구절을 인용해 보자.

또 간음하지 말라 하였다는 것을 너희가 들었으나 나는 너희에게 이르노니 음욕을 품고 여자를 보는 자마다 마음에 이미 간음하였느니라. 만일 네 오른 눈이 너로 실족하게 하거든 빼

5. 욕망: 욕망은 치료하고 다스릴 대상이다

어 내버리라. 네 백체 중 하나가 없어지고 온 몸이 지옥에 던져지지 않는 것이 유익하며 또한 만일 네 오른손이 너로 실족하게 하거든 찍어 내버리라. 네 백체 중 하나가 없어지고 온 몸이 지옥에 던져지지 않는 것이 유익하니라(마 5:27-30).

내가 이르노니 너희는 성령을 따라 행하라. 그리하면 육체의 욕심을 이루지 아니하리라. 육체의 소욕은 성령을 거스르고 성령은 육체를 거스르나니 이 둘이 서로 대적함으로 너희가 원하는 것을 하지 못하게 하려 함이니라. 너희가 만일 성령의 인도하시는 바가 되면 율법 아래 있지 아니하리라. 육체의 일은 분명하니 곧 음행과 더러운 것과 호색과 우상 숭배와 주술과 원수 맺는 것과 분쟁과 시기와 분냄과 당 짓는 것과 분열함과 이단과 투기와 술 취함과 방탕함과 또 그와 같은 것들이라. 전에 너희에게 경계한 것같이 경계하노니 이런 일을 하는 자들은 하나님의 나라를 유업으로 받지 못할 것이요 오직 성령의 열매는 사랑과 희락과 화평과 오래 참음과 자비와 양선과 충성과 온유와 절제니 이같은 것을 금지할 법이 없느니라. 그리스도 예수의 사람들은 육체와 함께 그 정욕과 탐심을 십자가에 못박았느니라(갈 5:16-24).

이런 말씀은 얼마든지 더 들 수 있다. 예수님은 죄를 짓게 하는 근원을 제거하라고 하신다. 그 근원은 욕망이다. 바울도 욕망에 따라 살면 죄를 짓게 되고 하나님의 심판 아래 처하게 됨을 지적한다. 성령이 이끄시는 대로 욕망을 제어할 때 바르게 살 수 있다는 것이다. '금욕'(禁慾)이라는 말은 '욕망을 구금한다'는 뜻이다. 욕망의 노예가 되지 않고 그 욕망을 통제하고 살아가는 것을 가리킨다. 이것이 기독교 신앙의 근본적인 성격이라는 점을 부정할 사람은 없을 것이다.

욕망은 본성이 아니다

경제 문제를 다룰 때 가장 핵심적인 요소는 인간의 욕망이다. 앞에서도 지적했듯이, 돈이 위험한 것은 인간의 욕망 때문이다. 그리스도인으로서 돈 문제에서 진정으로 자유로우려면 욕망의 문제를 제대로 보고 해결해야 한다. 특히 자본주의 사회에서는 더욱 그렇다. 막스 베버(Max Weber)가 지적했듯이, 자본주의 정신의 주도적 원리는 욕망을 충족시키기 위해 돈을 버는 것이다.[1] 바울은 '그리스도와 십자가의 원수'들에 대해 말하면서 "그들의 신은 배(腹)"(빌 3:19)라고 말했는데, 이것은 자본주의 정신에 꼭 맞는 말이다. 자본주의의 신은 '배'다. 배를 채우는 것 즉 욕망을 충족시키는 것이 인생의 목적이다.

하지만 그리스도인의 신은 하나님이다. 인생의 궁극적 목적은 욕망을 채우는 것이 아니라 하나님의 뜻을 이루는 데 있다. 그것이 진정한 자아 실현이다. 그러므로 욕망의 정체를 분명히 알고 그것을 제어하는 방법을 배워야 한다. 욕망을 그대로 둔 채 욕망의 대상만 바꾸자는 것은 속임수다. 그것을 '거룩한 욕망'이라고 부른다고 거룩해지는 것이 아니다. 자본주의를 발흥시킨 개신교 윤리가 결국 자본주의 때문에 타락한 이유가 어디에 있는가? 기독교 전통 속에 면면히 이어져 온 '욕망에 대한 경계심'을 벗어버렸기 때문이다. 욕망 자체를 제어하지 않으면 아무리 성숙한 신앙인이라 해도 타락하게 되어 있다. 카네기(Dale Carnegie)는

5. 욕망: 욕망은 치료하고 다스릴 대상이다

"고난을 이겨내는 사람이 백 명이라면 번영을 이겨내는 사람은 한두 명에 불과하다"고 말했다.

욕망에 대해 우리는 자주 그것을 '본성'이라고 말한다. 그러나 엄밀히 말해서 이것은 틀린 말이다. 더 가지려는 이기적 욕심, 다른 사람을 지배하려는 욕심, 더 편하게 살기 원하는 욕심, 혹은 오감(五感)을 만족시키려는 욕심이 인간의 본성인가? '본성'(本性)이라는 말은 한자 뜻 그대로 '본래 인간에게 주어진 바탕'을 뜻한다. 하나님이 인간을 창조하셨을 때 그런 이기적 본성을 우리에게 심어 주셨는가? 그것이 하나님의 의도였는가?

성경에 의하면 그렇지 않다. 하나님이 인간을 창조하셨을 때 인간에게는 이기적 욕망이 없었다. 하나님의 형상으로 지음받는 인간은 하나님의 사랑 가운데 다른 피조물과 함께 조화를 이루어 더불어 살아가는 거룩한 본성을 가지고 있었다. 이기심은 인간이 하나님을 떠남으로 생겨났다. 인간이 하나님을 떠나자 새로운 삶의 중심이 필요했고, 그 자리를 채운 것이 '자아'였다. 자아는 삶의 중심이 될 만한 능력이 없는데 그 자리를 차지하게 되니 문제가 생겼다. 라인홀드 니버(Reinhold Niebuhr)는 하나님을 떠난 인간이 왜 감각적인 만족을 추구하게 되었는지를 잘 분석하고 있다.

자아는 [삶의 중심이 됨으로 생기는 불안감을 없애기 위해] 자신으로부터 도망하기를 원한다. 그래서 그 불안감에서 오는 내적 긴장을 잠시라도 잊게 해줄 수 있는 일에 자신을 던진다. 한 개인의 실존에서 중심이 되기에 자신이 부적합하다는 사실을 아는 자아는 외형상으로 자신의 수하에 있는 자연의 다양한 세력과 충동들 가운데서 섬길 신을 찾는다.[2]

그것이 술취함이든 포식이든 성적 탐닉이든 사치든 혹은 다른 어떤 물질적 탐닉이든, 감각적 추구는 언제나 다음과 같은 성격을 공유한다. 1) 그것은 자기 사랑의 연장인데, 결국은 자신의 목적을 이루지 못한다. 2) 그것은 자아 밖에 있는 사물이나 사람에게서 섬길 신을 찾음으로써 자아의 감옥으로부터 도피하려는 노력이다. 3) 그것은 죄가 무의식적인 형태로 만들어 낸 혼란으로부터 도피하려는 노력이다."

니버는 이기적 욕망과 물질적인 것으로 욕망을 채우려는 경향이 본성이 아니라 타락함으로 생겨난 제2의 본성임을 분명히 한다. "죄된 욕망은 본성이 아니라 본성의 질병이다"라는 어거스틴의 말이 옳다. 욕망은 인간성의 자연스러운 요소가 아니다. 이기심과 물질적 욕망을 인간의 본성이라고 본다면 그 욕망을 위해 사는 삶도 자연스럽고 아름답다고 보게 될 것이다. 그러나 욕망은 당연하게 받아들여야 할 본성이 아니라 치료해야 할 질병이다.

그렇다면 기독교 신앙이 근본적으로 금욕적 성격을 가진다는 점은 이론의 여지가 없다. 하나님은 그분의 자녀들이 행복하기를 원하시지만 이기적 욕망을 채우는 데서 행복을 찾는 것은 원치 않으신다. 그분과 다시 하나가 되어 삶의 중심에 그분을 모셔들임으로 그 질병을 근원적으로 치료하고 이기심과 욕망에서 해방되기를 바라신다. 하나님의 영의 도우심으로 감각적 욕망을 잘 통제하여 "정욕 때문에 세상에서 썩어질 것을 피하여 신성한 성품에 참여하는 자가 되게 하려 하셨다"(벧후 1:4).

다만 이 열성이 지나쳐 '극단적 금욕주의'로 흐른다면 문제다. 극단적 금욕주의의 사상적 근거는 물질과 육신을 악하게 보는 믿음이다. 기독교는 물질과 육신을 하나님의 선물로 여긴다. 육신을 영의 감옥이라고 생각하지 않는다. 그래서 극단적인 고행을 거부한다. 앞에서 인용한 헨리 나우웬의 말대로 모든 욕망을 근원적으로 뿌리 뽑는 것이 기독교 영성의 목적이 아니다. 단지 인간성을 타락시키는 욕망을 경계하고 제어하며 하나님과 하나됨을 전심으로 추구하여 하나님의 형상을 회복한 참 인간이 되기를 구한다. 그리고 이러한 열망은 외형적으로는 얼마간 금욕적인 모습으로 표현된다.

파티광 예수?

기독교의 금욕적 성격을 폄하하게 하는 주요 요인 중 하나는 예수님이 "먹기를 탐하고 포도주를 즐기는 사람"(마 11:19)이라고 불렀다는 복음서의 전승이다. 예수님은 세례 요한이나 바리새인들과 달리 공개적으로 금식을 하지 않으셨고(마 9:14-17) 가는 곳마다 식탁을 베풀고 함께 먹기를 즐기셨다고 한다. 이것은 당시 사람들에게뿐 아니라 오늘날의 독자들에게도 이상해 보인다. 이상해 보이기 때문에 그 이미지가 정도 이상으로 확대되어, 그것을 예수님의 전반적인 행동 양식으로 오해한다. 대부분의 신약학자들이 예수님을 금욕적 인물이 아니라 축제적 인물로 그린다. '예수 세미나'의 창시자인 로버트 펑크(Robert Funk)처럼 그분을 '파티광'이라고 부르는 사람도 있을 정도다.[4)]

그러나 이것은 진실의 일부일 뿐이다. 신약학자들은 오랫동안 예수님의 금욕주의에 대해 침묵하거나 외면해 왔다. 다행히도 최근 미국의 신약학자 데일 앨리슨(Dale C. Allison)이 이 문제를 제대로 밝혔다. 예수님의 금욕주의에 대한 그의 결론은 이렇다.

어떤 조건을 달든지 상관없이 우리는 여전히 예수님과 그의 추종자들이 '절제'라고만 하기에는 불충분한 양식의 삶을 살았다고 인정해야 한다. 그들은 종교적 목적을 위해 강도 높은 자기 부정을 실천했다. 그들은 돈을 거부했고 재산 소유를 사양했다. 그들은 집을 떠나 신도 없이 유랑했다. 그들은 아내를 떠나고 자기 직업도 버렸다. 최소한 그들 중 일부는 독신을 선택했다. 비범한 절제력으로 자신을 다스리고 보통 사람들이 즐기는 것들을 거부하고 사는 것을 당연하게 여긴 그들의 삶은 의심의 여지 없이 '금욕주의'라고 불려 마땅하다.⁵⁾

앨리슨은 이 결론에 단서를 달았다. 예수님의 금욕주의는 꽤 강도가 높기는 했지만 왜곡된 형태의 '극단적 금욕주의'는 아니었다는 것이다. 그는 빈센트 윔부쉬(Vincent Wimbush)가 바울에게 사용한 '세속적 금욕주의자'(worldly ascetic)라는 표현을 빌려 예수님의 태도를 정의한다. 다시 말하면, 예수님의 금욕주의는 4장에서 인용한 조셉 플레처의 지적대로 세상에서 정상적인 활동을 하는 데 필요한 정도의 물질적 사용을 허용한다는 뜻이며, 그 목적이 세상을 등지게 하는 것이 아니라 세상에서 더 책임 있게 살게 한다는 뜻이다.

앨리슨이 정확히 보았다. 일 없는 사람들을 모아 놓고 한가하게 먹고 마시며 즐긴 사람으로 예수님을 생각하는 것은 잘못이다. 그분은 매우 강도 높은 금욕적 삶을 사신 것이 분명하다. 그럼에도 불구하고 항상 기뻐하고 감사하며 축제의 삶을 사셨다. 예수님께 금욕과 축제는 결코 배타적인 것이 아니었다. 그분의 절제와 금욕은 무엇을 이루기 위해 이를 악물고 행한 자기 부정이 아니라, 내면으로부터 솟아오르는 진리의 열정에 따른 것이었다. 그래서 그분은 '좁은 길을 가며 항상 기뻐하셨다.' 항상 기뻐하셨다는 점만 보면 파티광처럼 보일 수 있고, 좁은 길을 가시는 점만 보면 고행하는 수도승처럼 보일 수 있다. 그러나 예수님의 영성은 그 두 차원의 신묘한 결합이 특징이다.

그것이 제자들에게 모델이 되었을 것이다. 바울은 예수님께 직접 배우지 못했지만 그분의 금욕적 삶을 계승하여 그런 가르침을 많이 남겼다. 그러면서 항상 기뻐하라고 가르쳤다. 그 역시 성령의 능력으로 좁은 길을 즐겁게 걸어가는 비밀을 알았다.

욕구가 아니라 삶을 위해

예수의 제자는 무슨 일을 하든지 욕망을 위해 하지 않는다. 식욕은 하나님이 우리 몸에 입력해 주신 좋은 프로그램이다. 그것을 잘 사용하면 건강을 도모하고 문화를 발전시킬 수 있지만, 그것이 식탐(食貪)이 되면 필경 건강을 망친다. 음식 먹을 때는 식욕에 압도되지 말고 몸을 위해 즉 건강을 위해 먹어야 한다. 그것이 노자(老子)가 전해 준 지혜다.[6] 시각도 마찬가지다. 미적 감각은 문화를 발전시키는 좋은 도구지만, 시각을 만족시키려는 욕심이 지나치면 필경 사치하게 된다. 몸을 생각해서 즉 건강을 생각해서 입어야 한다. 편안해지려는 욕망에 사로잡히면 많은 돈을 들여 가구를 장만하고 비싼 차를 사게 된다. 편안한 삶이 처음에는 좋은 것 같지만 그 욕망이 결국에는 인생을 망친다.

돈도 마찬가지다. 욕망을 충족시키기 위해 돈을 번다면 반드시 그릇된 길로 가게 된다. 아무리 돈을 많이 벌어도 욕망은 충족되지 않기 때문이다. 욕망을 따라 돈을 추구하는 것은 망하는 길이다. 돈을 더 많이 벌기 위해 건강과 가정을 희생시킨다. 하지만 살기 위해 돈을 구하는 사람은 무한정으로 구하지 않는다. 그는 필요한 만큼만 있으면 만족할 수 있다. 그 수준을 넘어서면 많은 돈이 의미가 없다. 그래서 그것을 나눌 수 있다.

여기에도 함정은 있다. '필요한 만큼'이라는 말이 우리를 속일 수 있기 때문이다. 우리가 하나님과 하나 되어 새로 지어지고 욕망을 제어할 수 있는 단계에 이르면 별로 문제가 없다. 하지만 그렇지 않은 사람들은 '필요한 것'과 '원하는 것'을 착각한다. 어거스틴은 "방치된 욕망은 습관이 되고, 그 습관을 거부하지 않으면 필요가 된다"고 말했다. 욕망을 내버려 두면 필요 이상의 물질을 누리는 습관이 생기고, 이 습관에 익숙해지면 그것 없이는 살 수 없을 것처럼 착각하는 지경에 이른다. 이렇게 되면 '필요한 만큼'이라는 말은 아무런 통제력도 발휘하지 못한다.

우리의 살림살이를 정직하게 살펴보면 꼭 필요한 물건들은 그리 많지 않다. 우리가 원해서 소유하게 된 것들이 더 많다. 이런 의식을 가지고 주변을 보면 딱한 일이 많다. 학생들은 등록금이 없어 분납을 하고 책값이 없어 복사해 사용하면서도 최신형 핸드폰에 여러 가지 부속품들을 붙이고 최첨단의 전자 기기들을 가지고 다닌다. 가계에 짐이 되더라도 남들이 가진 것이면 모두 가지려는 사람들도 있고, 체면과 품위를 유지한다는 명목으로 분수에 맞지 않는 사치를 부리는 사람들도 있다. 꼭 필요하지 않음에도 상업 광고에 속아 그것 없이는 안 될 것처럼 착각하는 사람들이 많이 있다. 이런 점에서 상업 광고는 아주 악하다. '욕망'을 '필요'로 여기도록 사람들을 기만하고, 불필요한 소비를 부추긴다.

하나님과의 사귐이 깊어져 욕망을 어느 정도 제어할 수 있게 되면 비로소 눈이 열려 '필요'와 '욕망'을 구분할 수 있다. 욕망의 요청을 절제하며 필요에 따라 살아가는 사람이 만족한 삶을 살아갈 수 있다. 그에게는 어느 정도의 돈만 있으면 충분하며 따라서 그 이상의 나머지 돈에 대해 자유로울 수 있다. 욕망의 문제를 해결하지 않는 한 진정한 만족도 불가능하고 돈에 대해 자유로울 수도 없다. 돈이 많아야 돈에서 자유로워지는 것이 아니다. 돈에서 마음을 떼야 자유로워진다. 돈에서 마음을 떼려면 욕망의 문제를 해결해야 한다.

토론을 위하여

문명 발전의 원동력은 인간의 욕망이다. 문명의 이기(利器)들은 대개 욕망을 충족시키기 위해 개발되었다. 문명의 이기 몇 가지를 예(텔레비전, 인터넷, 자동차, 패스트푸드 등)로 삼아 그것이 인간의 삶에 주는 유익과 해를 나열해 보라. 욕망을 통제하기 위해 그것들을 어떻게 대할지 생각해 보라.

성찰을 위하여

당신의 소유 중 '필요한 것'에 속하지 않는 것이 무엇인지 생각해 보라. 사고 싶은 물건들을 생각나는 대로 적고, 필요에 속하는 것과 욕망에 속하는 것을 구분해 보라. 자신이 욕망에 얼마나 지배당하고 있는지 평가해 보고, 그 욕망을 다스릴 수 있도록 기도하라.

더 읽을 책

헬렌 니어링과 스콧 니어링, 「조화로운 삶」(보리, 2000).

6
기도: 기도의 본질은 자신을 비우는 데 있다

> 우리의 기도가 하나님을 바꾸는 것이 아니다. 오히려 하나님의 영광과 그분의 형상으로 변화되는 것은 바로 우리 자신이다.
> —선다 싱(Sundar Singh)

기도로 승리하자?

청부론자들은 기도를 물질적인 복을 얻는 통로일 뿐 아니라 하나님의 힘을 입어 치열한 생존 경쟁에서 이기게 해주는 도구라고 설명한다. 구약 성경에는 하나님의 도움으로 전쟁에서 승리하는 이야기들이 많이 나오므로 그렇게 말할 수 있을지 모르지만, 예수님의 말씀에 이르면 그렇지 않다. 예수님은 하나님이 "그 해를 악인과 선인에게 비추시며 비를 의로운 자와 불의한 자에게 내려 주심이라"(마 5:45)고 말씀하셨다. 하나님은 생존 경쟁에서 당신의 자녀들 편을 들어 이기게 하시는 분이 아니다. 대신, 그분은 싸움터에서 당신의 백성들을 끌어내신다. 싸워 이기기 위해 살던 사람들을 변화시켜 섬기기 위해 살도록 하신다.

흔히 목회자들이 어린이들을 축복하면서 '머리가 될지언정

꼬리가 되지 말게 해주십시오'라고 기도한다. 나도 어렸을 적에 이런 기도를 많이 받았다. 남을 이기기 바라는 본성을 극복하지 못한 상태에서는 그 기도를 좋아한다. 정말 그렇게 되기를 바란다. 하지만 이것은 예수님의 가르침을 뒤집는 기도다. 머리가 되기를 사양하고 꼬리가 되기를 택하는 것이 그리스도인들의 태도다. 아니, 그러한 계층 의식, 서열 의식, 경쟁 의식을 초월해야 한다. 머리냐 꼬리냐를 따지지 말고 자신에게 주어진 일을 묵묵히 하며 하나님의 소명을 이루는 사람이 되어야 한다.

그리스도인들이 이 사회에서 낙오자가 되고 학교와 직장에서 뒤쳐지라는 뜻으로 본다면 오해다. 하나님을 제대로 믿는 학생이라면 동급생들을 따돌리기 위해 힘쓰지 않는다. 학생의 소명에 충실할 뿐이다. 공부하는 것을 자신의 소명으로 삼고 최선을 다하는 학생은 동급생들을 경계하지 않는다. 자기만 앞서가기 위해 궁리하지 않는다. 친구들의 몫이 따로 있고 내 몫이 따로 있다고 믿는다. 자신이 앞서면 겸손해하고, 친구들이 앞서면 축하해 준다. 이렇듯 참된 기도는 그 소명에 충성을 다하도록 만들어 준다. 때로 인간적인 욕망 때문에 시기심과 질투심이 생기면 기도를 통해 그 마음을 가라앉힌다. 기도로써 그 욕망을 불태워서는 안 된다.

하나님을 제대로 믿는 사업가라면 기도의 힘으로 다른 사업가들과 경쟁해 이기려 하지 않을 것이다. 그의 목표는 어떻게든 경쟁에서 이기는 것이 아니라, 좋은 제품을 만들어 적정한 값에 공급함으로 사회에 봉사하고 직원들이 안정된 삶을 살 수 있도록 돕는 것이다. 그는 이것을 자신의 소명으로 삼는다. 기도는 그 소명을 다하고자 하나님의 능력과 지혜를 구하는 통로다. 때로 경쟁자들을 부정하게 이겨 보려는 유혹이 들 때 혹은 그들에게 시기심과 질투심이 들 때, 기도를 통해 마음을 다스려야 한다.

이재철 목사가 사업가로서 활발히 활동하던 시절을 돌아보며 고백하는 말은 기도의 정수를 보여 준다. 그는 자신의 야망을 위해 사업을 운영하면서도 꾸준히 새벽 기도회에 나가 하나님의 도움을 청했던 사실을 고백하면서 이렇게 말한다.

기도란 하나님 앞에서 나 자신을 부인하는 시간임을 그 때는 알지 못했다. 기도란 나의 욕망을 채우는 시간이 아니라, 하나님 아버지의 뜻을 분별하는 시간이라는 것도 알지 못했다. 기도는 수단과 방법을 가리지 않고 나의 목적을 이루기 위한 도구가 아니라, 매순간 진실된 삶을 살기 위한 힘을 간구하는 기회임을 알지 못했다.[1]

하나님을 제대로 믿는 직장인이라면 직장에서 고속 승진하기 위해 기도하지는 않을 것이다. 그는 자신에게 주어진 일을 소명으로 받아들이고 최선을 다할 뿐이다. 일을 하나님께 드리는 제사로 생각하여 전심을 다한다. 입사 동기가 승진해서 앞서가는 것 때문에 마음이 흔들릴 때 그는 기도로 마음을 다스린다. 마음의 평정을 되찾고 묵묵히 소명에 전념할 능력을 하나님께 구한다. 반대로, 자신이 승진하면 더욱 겸손해진다. 그에게 직장 동료는 경쟁자가 아니라 말 그대로 동료요 협력자들이다. 질투와 시기의 대상이 아니라 사랑과 섬김의 대상이다. 이것이 믿는 사람의 태도다.

이렇게 사는 사람들이 더디기는 하지만 결국 일터에서 진가를 발휘한다. 전문성을 키우지도 않고 창조성도 없으며 부지런히 일하지도 않는 사람들이 내 말을 핑계로 삼지 않기 바란다. 나는 게으름의 철학을 지지하는 것이 아니다. 진정으로 준비된 그리스도인은 세상적인 기준에서도 뒤쳐지지 않아야 한다. 다만, 다른 사람들을 제치고 혼자만 앞서가지 않을 뿐이다. 그는 다른 사람들을 이끌고 앞서간다.[2]

'야베스 기도'의 열풍

요즈음 기독교계는 '야베스 기도'의 열풍에 휩싸여 있다. 이 책이 처음 출판된 미국은 말할 것도 없고, 한국도 이 열풍에 휩쓸리고 있다. 미국 기독교 서점에 가면 '야베스 산업'이 얼마나 호황인지 알 수 있다. 이 바람을 처음 일으킨 「야베스의 기도」는 물론이고, 「젊은이를 위한 야베스의 기도」, 「여성을 위한 야베스의 기도」, 「어린이를 위한 야베스의 기도」, 「야베스의 축복 원리」, 「야베스의 기도 일기」, '야베스 기도 액자', '야베스 기도 스카프', '야베스 책갈피' 등의 상품이 진열되어 있다. 이 책을 읽은 사람들은 눈이 닿는 곳마다 이 기도문을 걸어 놓는다. 이 책의 저자가 그렇게 하라고 요청한다. 그것이 복을 받는 길이라는 것이다.

저자 브루스 윌킨슨(Bruce Wilkinson)은 자신이 말하는 복음이 단지 "캐딜락이나 거액의 수입 혹은 하나님과의 관계를 통해 돈을 버는 물질적인 복을 구해야 한다고 말하며 인기를 끄는 종류의 복음과 전혀 다르다"[3]고 말한다. 얼른 보면 달라 보이는 것 같다. 하지만 정말 그런가?

저자 자신이 자랑스럽게 말하는 기도 응답의 예를 보자. 그는 노스캐롤라이나 공항으로 가던 중에 대형 교통 사고가 나서 비행기 시간에 맞출 수 없었던 경험을 이야기한다. 그 때 그는 꽉 막

6. 기도: 기도의 본질은 자신을 비우는 데 있다

힌 도로에서 이렇게 기도했다고 한다. "주님, 비행기를 연착시켜 주셔서 제가 탈 수 있게 해주세요."[4] 그는 하나님이 이 기도에 응답해 주셨고, 그 결과 이혼의 위기에 처해 있던 한 사람을 도울 수 있었다고 말한다. 과연 그는 제대로 기도하는 사람인가?

이 기도는 그가 자신의 욕심과 하나님의 뜻을 분별하지 못하고 있음을 증명한다. 하나님의 사랑을 아는 사람으로서 어떻게 자신의 편의를 위해 수백 명이 탈 비행기를 연착시켜 달라고 기도할 수 있는가? 이웃에 대한 배려가 조금이라도 있는 사람이라면, 혹시 하나님이 '너를 위해 비행기를 연착시키랴?'고 묻더라도 '아닙니다. 저에게는 다른 방법을 주시고, 비행기는 제시간에 보내 주십시오'라고 기도하는 것이 옳다. 이것은 수개월째 가뭄에 시달리고 있는 형편에서 야외 예배를 위해 좋은 날씨를 달라고 기도하는 것과 다르지 않다.

기도에 대해 나는 이미 「사귐의 기도」(IVP)에서 충분히 말한 바 있다. 기도에 대한 한국 교회의 오해는 너무나도 뿌리가 깊어 간단히 말할 형편이 아니다. 관심 있는 독자들은 그 책을 참고하기 바란다. 기도에 대해 많은 생각을 해 온 나는 '주님의 기도' 대신 '야베스의 기도'가 더 사랑받는 현상에 대해 매우 큰 위기감을 느끼고 있다. 주님의 기도에는 우리의 이기심을 채울 만한 내용이 없다. 주님의 기도는 '나'가 아니라 '하나님', '내 뜻'이 아니라 '하나님의 뜻', '소유'가 아니라 '존재', '먹고 사는 것'이 아니라 '믿고 사는 것'에 집중되어 있다. 잘 먹고 잘 살기 원하는 욕심을 가지고 있는 한, 주님의 기도는 매력이 없다. 그런 측면에서 야베스의 기도가 더 매력적인 것은 분명하나, 우리의 영성이 그렇게 흘러가는 것은 예수님의 십자가를 무효화시키는 일이다.[5]

월킨슨은 자신의 복음이 물질적인 부를 약속하며 인기를 끄는 복음과 다르다고 강변하지만 그 자신이 바로 그런 복음을 퍼뜨리는 장본인이 되어 버렸다. 그는 진정한 복은 물질적인 것이 아니라고 말하지만, 결과적으로는 물질적인 부를 구하고 그것을 즐기도록 독자를 오도한다. 이로써 '야베스 산업'은 아직 제거되지 않은 그리스도인들의 이기적 욕망을 자원으로 하여 대호황을 구가하고 있다.

구하지 않아서 못 주신다

월킨슨이 기도에 대해 말하는 또 다른 왜곡은 '천국에 간 존 이야기'⁶에서 볼 수 있다. 존이라는 사람이 천국에 가서 비밀 창고를 발견했다. 호기심 많은 존은 베드로의 만류에도 불구하고 그 창고를 열어 달라고 간청하여 들어가 보았다. 그 안에는 이름표가 달려 있는 여러 가지 상자들이 있었다. 자기 이름표가 붙어 있는 선반으로 가서 상자를 열어 보니 지상에서 살 때 그렇게도 가지고 싶었던 것들이 가득 담겨 있었다. 왜 그 물건들이 창고에 그대로 쌓여 있었는가? 월킨슨의 설명에 의하면, 구하지 않았기 때문이라는 것이다. 그는 "정말로 하나님은 당신이 요청하지 않아서 주지 못하는, 그래서 당신이 요청하기만을 기다리는 엄청난 복을 소유하고 계신다"⁷고 말한다.

이러한 주장이 월킨슨의 글에서만 발견되는 것은 아니다. 청부론을 주장하는 한국 저자들의 글에서도 이러한 기도 신학은 얼마든지 찾아볼 수 있다. 물질적인 것은 참된 복이 아니라고 하면서도, 우리가 물질적인 넉넉함을 누리지 못하는 이유는 구하지 않기 때문이라고 말한다. 우리가 원하는 것을 얻으려면 '강청'해야 한다고 말한다. "하나님을 지치게 할 정도로" 강력하게 기도 함으로 우리가 원하는 것을 얻을 수 있다고 말한다.[8]

이 문제에 대해서도 「사귐의 기도」에서 말한 바 있으므로 길게 말하지 않겠다. 여기서는 두 가지만 지적하려 한다.

첫째, 중요한 것은 '구하는 것'이 아니라 '무엇을 구하느냐'에 있다는 사실이다. 구하는 사람이 어떤 상태에 있느냐, 어떤 가치관을 가지고 있느냐가 중요하다. 월킨슨은 마태복음 7:7("구하라, 그리하면 너희에게 주실 것이요")을 근거로, 하나님은 우리가 구하지 않으면 주시지 않는다고 주장한다. 그러나 마태복음의 맥락에서 이 말씀은 6:19-34에 이르는 긴 내용에 이어지는 것임을 잊지 말아야 한다. 마태복음 6:19-34에서 예수님은 참으로 구할 것이 무엇인지, 우리 마음을 어디에 두어야 할지를 가르치셨다. 우리 마음을 물질이 아니라 하나님의 뜻에 두어야 하고, 따라서 우리가 구할 것은 하나님의 뜻을 이루는 것이어야 한다. 그러면 물질적인 문제는 하나님이 알아서 해주실 것이다. 예수님은 이 말씀 후에 "구하라"고 하셨다. 그렇다면 구할 대상은 물질이 아니라 하나님의 뜻이라는 것이 분명하지 않은가? 이 땅에서 먹고 사는 문제는 하나님이 알아서 해주신다고 하지 않는가?

둘째, 하나님은 우리가 구하기 전에 필요한 것을 주시는 분임을 잊지 말아야 한다. 기도의 필요성을 역설하다 보면 이 사실을 왜곡시키는 경우가 많다. '강청해야 들어주신다'는 말씀은 무슨 뜻인가? 하나님은 우리에게 무엇이 필요한지 아시고 그것을 가지고 계신데 우리가 강청하여 그분을 지치게 만들지 않는 한 주시지 않는다는 뜻이 아닌가? 월킨슨의 예화처럼 하나님은 우리가 구하지 않으면 그것이 우리에게 필요한지 알면서도 창고에 쌓아 두시는 분인가?

　이것은 예수님이 가르쳐 주신 하나님 상을 철저하게 왜곡하는 것이다. 예수님은 하나님의 선의를 믿으라고 하신다. 아버지가 자식에게 '가장 좋은 것'(가장 '비싼 것'이 아니라 가장 '필요한 것')을 주듯, 하나님은 우리에게 가장 좋은 것을 주시는 분이다. 타락한 재판관이나 나쁜 친구처럼 애걸복걸하며 괴롭혀야 마지못해 주시는 분이 아니다. 그분은 우리 행복을 우리 자신보다 더 간절히 원하시고, 우리에게 필요한 모든 것을 알아서 주시는 분이다. 죽음을 각오한 기도의 모험을 하라는 요청은 이것을 의심하는 처사다.

　하나님이 알아서 해주신다는 말은 바울이 말한 '자족의 비결'(빌 4:11)을 배우라는 뜻이다. 다시 말하면, 잘 먹고 잘 살기를 기대하지 말라는 뜻이다. 일꾼은 먹고 입고 사는 문제는 주인에게 맡기고 자신의 소임을 다해야 한다. 선한 주인은 종이 먹고사는 것을 알아서 해결해 줄 것이다. 종이 선한 주인에게 그런 문제로 요청하는 것은 어울리지 않는 일이며 불필요한 일이다. 만일 더 좋은 잠자리, 더 좋은 음식을 구한다면 그는 '착하고 충성된 종'이라고 할 수 없다. 반면, 자신의 소임을 다하는 데 필요한 것이 있다면 요청할 수 있다. 그것에 대해 주인이 거부할 이유가 없다. 그러므로 믿고 구해야 한다. 예수님은 이런 뜻에서 믿고 구하라고 말씀하신 것이다. 잘 먹고 잘 사는 것을 구하라는 뜻이 아니다.

　물질적인 것에 관한 한, 하나님은 우리가 구하지 않아도 주신다! 다만, 우리의 '욕심이 원하는 것을' 우리가 '요구하는 것만큼' 주시지는 않는다는 것을 알아야 한다. 하나님이 보시기에 우리에게 '필요한 것'을 '필요한 만큼' 주신다. 기도를 통해 욕심이 충족되었다면 그것은 기도 응답이 아니라 하나님이 우리를 "부끄러운 욕심에 내버려 두신"(롬 1:26) 것이다. 감사할 일이 아니라 금식 기도를 시작할 일이다.

그러므로 기도를 통해 가장 먼저 그리고 가장 힘들여 해야 하는 일은 욕심을 비우고 제어하는 일이다. '거룩한 욕심', '소원' 혹은 '꿈'의 정체를 소홀히 다루고 그것을 추구하는 데에만 열심을 내는 것은 지극히 위험한 일이다. 기도를 통해 비전을 이루려고 분투하기 전에 그 비전의 정체가 무엇인지를 살펴야 한다. 그것이 이기적 욕심에서 나온 것이라면 기도로 그것을 이루는 것은 결코 복이 아니다. 하나님의 꿈을 이루는 것이 참된 복이다. 바울의 말을 들어 보자.

> 너희 안에서 행하시는 이는 하나님이시니
> 자기의 기쁘신 뜻을 위하여
> 너희에게 소원을 두고 행하게 하시나니(빌 2:13).

중요한 것은 우리의 이기적 소원을 버리고 하나님의 거룩한 소원을 품는 일이다. 이것을 분명히 해야 한다. 기도에서 가장 먼저 해야 할 일이 바로 이것이다. 우리의 욕망을 끊임없이 비움으로 하나님의 소원이 가득 들어차도록 하는 일이다.

토론을 위하여 ···

'욕망을 다스리는 기도'와 '욕망을 불태우는 기도'의 차이점을 생각해 보라. '하나님의 영광을 위해 욕망을 구하는 것은 괜찮다'는 말에 숨은 함정을 찾으라. 한국 교회는 어떤 식의 기도를 해 왔으며, 그로 인한 문제점은 무엇인가? 기도를 바로잡기 위해 어떤 조치가 필요하겠는가?

성찰을 위하여 ···

최근 당신의 기도 제목들을 검토해 보라. 당신은 자신의 욕망을 비우고 하나님의 뜻에 자신을 맞추려는 기도를 얼마나 하고 있는가? 기도를 통해 얼마나 성숙되었는가? 어떤 점이 부족한지 찾고 보완하자.

더 읽을 책 ··

김영봉, 「사귐의 기도」(IVP).
제임스 멀홀랜드, 「예수님처럼 기도하라」(엔크리스토).

7
자유 : 자유는 섬김으로 완성된다

> 네가 쌓아 둔 빵은 굶주린 사람들의 것이며, 네 옷장에 보관해 둔 옷가지들은 헐벗은 자들의 것이며, 네가 땅 속에 감춰 둔 금은 가난한 자들의 것이다.
> -대 바실(Basil the Great)

몫 가르기

기독교 청부론에서 말하는 깨끗한 부자의 첫째 조건이 바르고 정직하게 돈을 버는 것이라면, 둘째 조건은 번 돈에서 다른 사람의 몫을 정직하게 나누는 것이다. 여기서 '다른 사람'에는 하나님도 포함된다(십일조를 가리키는 말이다). 내가 번 돈이지만 그 안에 다른 사람의 몫이 있다는 것을 인정하고 그것을 정직하게 떼는 것은 매우 중요하다.

이 점에서 김동호 목사의 견해는 주목할 만하다. 십일조를 하나님의 몫으로 인정하고 분리하는 것에 대해서는 누구나 인정한다. 하지만 많은 목회자들이 십일조를 더 많은 복을 받기 위한 투자처럼 가르치는 데 반하여, 김동호 목사는 "돈에 대해 반듯한 사람이 되도록 만들기 위해 하나님이 만드신 훈련"[1]으로 십일조를 규정한다. 십일조를 포함한 모든 헌금이 더 많은 복을 받기 위한 '밑돈'이라는 생각이 한국 교회 안에 팽배해 있음을 감안할 때 주목할 만한 말이다.

몫 가르기에 대한 그의 견해에서 더 주목할 만한 것은, 자신의 수입에 포함된 다른 사람의 몫에 대한 생각이다. 그는 세금은 내 수입에 포함된 '나라의 몫'이므로 정직하게 내야 한다고 말한다.[2] 많은 신앙인들이 세금 내지 않는 것 혹은 세금을 줄여 신고하는 것에 대해 별로 가책을 느끼지 못하는 현실에서 이 점은 특별히 강조할 필요가 있다. 세금 내는 것은 신앙과 관계 없는 일이라고 생각하는 사람들이 얼마나 많은가? 하지만 알고 보면 십일조를 내는 것과 세금을 내는 것은 똑같이 신앙의 문제다. 하나님이 십일조를 요구하신다면, 세금 내는 것도 똑같이 요구하신다.

나는 세금에 대해 소형 자영업자들이 가지고 있는 고민을 어느 정도 알고 있다. 곧이곧대로 소득을 신고하면 기본적인 생계가 위협받을 수 있다는 걱정이 있다. 성실한 납세가 결국 모두에게 유익하다는 인식이 자리를 잡도록 조세 제도가 지속적으로 개선될 필요가 있다. 하지만 그 누구도 동정할 수 없는 악성 탈세자들이 많고, 이들 가운데 소위 '존경받는 신앙인'들도 적지 않다. 이들은 불공정한 조세 제도를 탓하며 부정을 합리화하려 한다. '세금을 내느니 차라리 그 돈으로 헌금하겠다'고 말하는 사람을 만난 적도 있다. 그들이 내세우는 명분은 부정한 욕심을 은폐하기 위한 것이다. 그들의 탈세는 법적인 문제인 동시에 신앙의 문제다.

고용주는 고용인들에게 주어야 할 임금이 '자신의 수입'(회사 전체의 수입을 말한다. 사실, 회사 전체의 수입을 사장의 수입이라고 생각하는 것은 옳지 않지만, 그렇게 생각하는 사람들이 아직도 많이 있다. 나는 이 생각에 찬성하지 않지만, 김동호 목사는 그 전제하에서 논리를 진행한다)에 포함되어 있음을 알아야 하며, 고용인은 자신이 받는 임금에 해당하는 노동의 책임이 있음을 인정해야 한다는 주장[3]도 그 동안 강단에서 별로 듣지 못했던 내용이다. 사원들이 땀 흘려 일한 대가로 번 돈을 마치 자기 노력의 결과인 것처럼 생각하는 사주들이 많다. 이로 인해 여러 회사에서 고질적인 임금 체불 현상이 일어난다. 기독교 실업인들 중에는 헌금은 열심히 하면서 직원 복지에는 무관심한 사람들이 많다. 직원 복지 문제는 고용주에게 매우 중요한 신앙적인 문제다. 반면, 회사 일은 등한히 하면서 교회 일에만 열중하는 사람들이 스스로 매우 신실하다고 생각하는 것도 큰 오산이다. 하나님은 교회에서 일하는 것만이 아니라 회사에서 일하는 것에도 관심이 있으시다.

　김동호 목사는 '다른 사람에게 진 빚'과 '어려운 사람들을 위한 구제금'도 역시 내 수입에 포함된 다른 사람의 몫임을 인정하고 정직하게 떼어낼 것을 요청한다.[4] 신앙인이라고 하면서 남에게 진 빚을 갚지 않는 것에 대해 아무런 가책을 느끼지 않는 사람들이 있다. 먹고살기 위해 어쩔 수 없이 빚을 졌다면, 할 수 있는 한 신속하게 청산하기 위해 힘써야 한다. 무분별한 소비로 부채를 졌다면, 검소하고 소박한 생활로 돌아가야 한다. 필요한 경우 경제적인 짐을 서로 나누어 지는 것은 아름다운 일이지만, 잘못된 소비로 인한 부채는 부끄러운 일이다.

자유의 조건

문제는 그 다음이다. 신앙적 의무를 다하고 나서 남은 돈에 대해서는 '자유하다'거나 '깨끗하다'거나 '누려도 된다'고 단언하는 이들이 많다. 그 나머지는 모두 '내 몫'이라는 것이다. 이 주장은 성숙한 신앙인에게는 별로 문제가 없을 것이다. 성숙한 신앙인들은 "형제들아 너희가 자유를 위하여 부르심을 입었으나 그러나 그 자유로 육체의 기회를 삼지 말고 오직 사랑으로 서로 종노릇하라"(갈 5:13)는 바울의 권고를 실천할 능력이 있기 때문이다. 성숙한 사람에게는 그리스도의 영이 역사하기 때문에 그들이 원하는 대로 자유로이 행해도 방탕하거나 죄를 짓지 않는다. 그들은 몫 가르기를 하고 남은 돈을 욕심을 위해 사용하지 않을 것이다.

그러나 우리 대부분이 거듭났다고 고백하면서도 아직 그리스도의 영으로 충만한 상태에 이르지 못했다는 것이 문제다. 그렇기 때문에 '자유하다'고 생각하고 마음이 끌리는 대로 살다 보면 어느새 그것을 '육체의 기회'로 삼는다. '나는 이 돈에 대해 의무를 다 했으니 나머지에 대해 자유롭다'고 생각하는 것은 많은 사람들에게 타락의 함정이 될 수 있다.

진정한 자유를 누리려면 그만한 조건이 필요하다. 열 살짜리 아이에게 큰 돈을 주고 '마음대로 하라'고 하면, 그 아이는 타락하기 쉽다. 하지만 성숙한 사람에게 그 돈을 주면 유용하게 쓸 것이다. 이와 마찬가지로, 몫 가르기를 하고 난 돈에 대해 자유를 선언하고 마음대로 쓸 수 있는 사람은 영적으로 충분히 성숙한 사람이다. 사실, 그런 사람들도 자칫 잘못하면 "시험과 올무와 여러 가지 어리석고 해로운 욕심에 떨어질"(딤전 6:9) 수 있으니 조심해야 한다. 하물며, 아직 충분히 성숙하지 못한 사람들에게 '나머지 돈에 대해 너희는 자유하다!'라고 선언하는 것은 얼마나 더 위험한 일인가?

내 것이 있는가?

여기서 우리는 '과연 이 땅에 내 것이 있느냐?'는 문제를 깊이 생각해 보아야 한다. 수입에서 다른 사람의 몫을 제하고 나면 다 내 몫인가? 그것에 대해 내 소유권을 주장할 수 있는가? 이 지점에서 주목해야 할 주님의 말씀이 있다. 예수님은 '불의한 청지기의 비유'(눅 16:1-9)를 드시면서 다음과 같은 말씀을 덧붙이셨다.

> 지극히 작은 것에 충성된 자는 큰 것에도 충성되고 지극히 작은 것에 불의한 자는 큰 것에도 불의하니라. 너희가 만일 불의한 재물에도 충성하지 아니하면 누가 참된 것으로 너희에게 맡기겠느냐? 너희가 만일 남의 것에 충성하지 아니하면 누가 너희의 것을 너희에게 주겠느냐?(눅 16:10-12)

여기서 예수님은 단어를 바꿔 가며 두 가지를 비교하신다. '지극히 작은 것'과 '불의한 재물', '남의 것'이 한 묶음이고, '큰 것'과 '참된 것', '너희의 것'이 한 묶음이다. 우리가 이 땅에서 소유하는 물질은 지극히 작은 것이며 헛된 것('불의한 재물'은 '불의하게 번 돈'이라는 뜻이 아니라, '참된 것'의 반대말로서 '헛되다'는 뜻이다)이다. 그것은 진정한 의미에서 '내 것'이 아니다. 하나님이 일정 기간 나에게 맡기신 것이다. 진정한 소유권은 하나님께 있으며, 이 우주 역사가 지속되는 동안 두고두고 모든 생명이 사용할 것이다.

반면, 영원한 나의 소유는 이 땅에서의 삶의 결과로 하나님이 주시는 것이다. 그것은 참된 생명과 영원한 기쁨으로서, 이 땅의 물질과 비교할 때 '큰 것'이며 '참된 것'이다. 그것이 진정한 나의 소유다. 우리는 참되고 영원한 소유를 얻기 위해 이 땅에서 우리에게 주어진 것을 잘 관리해야 한다. 그것이 '불의한 청지기의 비유'가 말하는 핵심이다.

그러므로 내 수입 중에서 다른 사람의 몫을 제하고 난 나머지를 내 몫이요 내 소유라고 주장해서는 안 된다. 십일조만 하나님의 것이 아니다. 수입의 전부가 하나님의 것이다. 황호찬 교수는 십일조에 대해, 내 것 가운데 하나님의 몫을 드린다는 생각을 버리고 하나님의 것 가운데 일부를 내가 쓴다고 생각하라고 제안한다.[5] 이것이 성경적인 생각이다.

수입뿐만 아니라, 내 생명, 생명을 유지할 수 있게 해주는 자연 환경, 가정, 직장 등은 모두 하나님이 잠시 우리에게 맡겨 주신 것이다. 이 땅에 있는 것 어느 하나도 내 것이라고 주장할 만한 것이 없다. 루이스는 "인간이 완전히 소유했다는 의미에서 '내 것'이라고 말할 수 있는 것이 지상에는 단 하나도 없다"고 단언한다.[6] 내 육신조차도 결국 다른 생명에게 주고 떠나야 한다. 그런데 하물며 의무를 다했다고 해서 내 수입의 나머지에 대한 소유권을 주장할 수 있는가? '의무를 다했다'는 말 자체가 예수님이 거부하신 율법주의의 혐의를 벗어나기 어렵다. 예수님은 어떤 의무 규정을 지켰다고 해서 하나님 앞에서 할 일을 다 했다고 생각하는 것을 경계하셨다.

청지기직의 조건

하나님은 온 우주를 창조하시고 모든 생명을 관리하는 책임을 인간에게 맡기셨다. 예수님은 '청지기'라는 말을 구체적으로 사용하심으로써(눅 12:42; 16:1) 이 사상을 표현하셨다. 이 땅에 사는 한 우리는 하나님의 것을 맡아 관리하는 것이지 소유하는 것이 아니다.

청지기직을 제대로 수행하기 위해서는 두 가지 조건이 필요하다. 첫째, 자신의 소유권을 포기하고 하나님의 소유권을 인정하는 일이다. 십일조를 드리는 것은 내 수입에 대한 혹은 나에게 주어진 모든 물질에 대한 하나님의 소유권을 인정하는 행동이다. 그러면 왜 십분의 일만 드리는가? 그것만이 하나님의 몫이기 때문이 아니다. 원래 십계명 법은 토지를 분배받지 못한 레위인들을 위한 규정이었다. 모든 토지를 열한 지파에게 나누었으므로 각 지파는 전체의 십일분의 일을 할당받았다. 토지를 할당받은 열한 지파 모두가 수입의 십분의 일을 떼어 레위 지파에게 주면, 레위 지파는 다른 지파와 비슷하게 받는 셈이다. 레위 지파 사람들은 토지에서 일할 필요가 없으므로 성전을 위해 봉사할 수 있게 된다. 그러므로 십분의 일을 드리라는 것은 그것만이 하나님의 몫이라서가 아니라 특별한 상황에서 규정된 것이다. 나머지 십분의 구에 해당하는 수입도 하나님의 뜻대로 사용해야 한다.

둘째, 청지기직을 제대로 수행하기 위해 소유권을 포기하는 것과 동시에 하나님의 뜻을 찾기 시작해야 한다. 가장 훌륭한 청지기는 주인의 마음을 살펴 그 뜻대로 행하는 사람이다. 물질을 맡았으면 그 물질을 주인의 뜻에 맞게 사용하고, 사람을 맡았으면 주인의 뜻에 맞게 보살펴야 한다. 자기 욕심대로 행동한다면 주인은 그 청지기에게 분명히 책임을 물을 것이다.

청지기직에 대해 이렇게 이해하고 나면 의무를 다한 나머지 수입에 대해 자유를 주장할 수 없다는 사실이 분명해진다. 그리스도인은 하나님 앞에서 무한한 책임을 진 존재다. 하나님의 은혜를 망각하면 이 책임이 무거운 짐이 된다. 하지만 나를 믿고 모든 것을 맡기신 하나님의 은혜를 자각하면 이 책임은 짐이 아니라 기쁨이 된다. 그 책임을 다함으로 어떤 결과가 생기는지를 생각하면 더욱 힘이 솟는다. 그리스도인의 자유는 하나님 안에서 그분의 뜻을 이루는 데 의미가 있다. 마르틴 루터는 그리스도인의 자유에 대해 말하면서 다음과 같이 결론짓는다.

> 따라서 그리스도인은 자신 안에 사는 것이 아니라 그리스도와 이웃 안에서 사는 것이다. 그렇지 않다면 그는 그리스도인이 아니다. 그리스도인은 믿음을 통해 그리스도 안에서 살고, 사랑을 통해 이웃 안에서 산다. 믿음을 통해 그는 자신을 초월하여 하나님께 사로잡힌다. 사랑을 통해 그는 자신 아래로 내려가 이웃에게 다가간다. 그렇지만 그는 여전히 하나님과 그분의 사랑 안에 언제나 거한다. 그리스도께서 "진실로 진실로 너희에게 이르노니 하늘이 열리고 하나님의 사자들이 인자 위에 오르락내리락 하는 것을 보리라"(요 1:51)고 말씀하신 것처럼."

그리스도인의 참된 자유는 믿음과 사랑 안에서 이루어지며, 책임을 벗는 것이 아니라 오히려 더 많은 책임을 지는 것임을 잊지 말아야 한다. 돈에도 같은 원리를 적용해야 한다. 다시 강조하지만, 하나님의 부르심에는 예외도 없고 한계도 없다.

7. 자유: 자유는 섬김으로 완성된다

토론을 위하여

요한복음 8:31-32과 갈라디아서 5:1, 13을 읽고 그리스도인의 자유가 무엇인지 정의해 보라. 그리스도인이 누리는 자유의 조건과 성격과 목적을 정리해 보라. 경제적 차원에서 그리스도인의 자유를 어떻게 적용해야 하는지 생각해 보라.

성찰을 위하여

당신의 지출 중 하나님의 뜻에 맞지 않는 것이 얼마나 있는지 살펴보라. 당신은 얼마나 좋은 청지기인가? 지갑을 열 때마다 하나님의 뜻을 생각하는 습관을 기르라.

더 읽을 책

마르틴 루터, 「루터 저작선」(크리스챤다이제스트, 1994)에 있는 논문, "그리스도인의 자유".

8
절제: 절제는 성령의 열매다

모든 일에 절제하라. –베네딕트(Benedict)

누림의 권리냐 절제의 책임이냐

'책임을 다하고 난 나머지 돈에 대해서는 자유하다'는 생각은 곧바로 '누림의 권리'로 이어진다. 할 만큼 했으니 나머지 돈은 마음대로 사용해도 된다고 생각하는 것이다. 그렇기 때문에 청부론자들은 그리스도인에게도 호의호식할 권리가 있다고 말한다. 의무를 다한 그리스도인들에게는 '좋은 것'을 누리며 살 권리가 주어진다는 것이다. 여기서 말하는 '좋은 것'은 사회적 기준에서의 '고급 제품'을 가리킨다. 그들의 논리를 약간 비약시키면 사치는 '부덕'이 아니라 '특권'이며 '복'이다.

이렇게 권리의 논리에 빠지면 청지기의 본분을 까맣게 잊게 된다. 성경 어디에도, 특히 예수님의 말씀에는 '네 할 일을 다했으니 이제는 마음껏 누리라'는 주장을 뒷받침하는 말씀이 없다.

'달란트의 비유'(마 25:14-30)를 보면 주인이 종의 수고를 칭찬하면서 주인의 즐거움에 초청하는 장면이 나온다. 하지만 여기서 '주인의 즐거움'은 호의호식하는 것이 아니라 구원의 즐거움을 함께 누리는 것을 말한다. 지상의 물질에 대해 예수님은 '누림의 권리'보다 '절제의 책임'을 더 강조하셨다.

성경을 전체적으로 볼 때, 예수님은 매우 절제되고 소박하고 담백한 삶을 사셨음이 분명하다. 뿐만 아니라, 예수님은 가능한 한 좋은 것을 추구하라고 가르치시지도 않았다. '하나님의 나라와 의'를 구하면 하나님이 먹고 입고 마시는 문제를 해결해 주신다고 했지, '좋은'(비싼 혹은 고급) 음식과 옷을 주신다고 말씀하지는 않았다. 육욕에 빠지면 영적 생활에 피해를 입는다는 것은 동서양 모든 종교인들이 동의하는 점이다. 예수님도 달리 생각하시지 않았다. 그분은 극단적 금욕주의자처럼 자신을 학대하지도 않았지만, 좋은 음식을 찾아다니지도 않으셨다.

신앙인이라면 담백한 식탁에 만족하는 것이 더 어울린다. 검소한 옷차림, 단출한 살림살이가 더 어울린다. 그렇게 하지 않는 것을 죄라고 비난할 수는 없을지 모른다. 하지만 호의호식하는 것을 그리스도인의 이상으로 생각하는 것은 큰 잘못이다. 그것은 바울이 말한 대로 자유를 육체의 기회로 삼는 일이다. 디모데에게 준 바울의 권고를 생각해 보자.

누구든지 다른 교훈을 하며 바른 말 곧 우리 주 예수 그리스도의 말씀과 경건에 관한 교훈을 따르지 아니하면 그는…마음이 부패하여지고 진리를 잃어버려 경건을 이익의 방도로 생각하는 자들의 다툼이 일어나느니라. 그러나 자족하는 마음이

8. 절제: 절제는 성령의 열매다

있으면 경건은 큰 이익이 되느니라. 우리가 세상에 아무것도 가지고 온 것이 없으매 또한 아무것도 가지고 가지 못하리니 우리가 먹을 것과 입을 것이 있은즉 족한 줄로 알 것이니라. 부하려 하는 자들은 시험과 올무와 여러 가지 어리석고 해로운 욕심에 떨어지나니 곧 사람으로 파멸과 멸망에 빠지게 하는 것이라(딤전 6:3, 5-9).

바울은 이렇게도 명백하게 부의 추구를 경계하고 담백한 식탁과 소박한 옷차림에 만족하라고 권고하고 있다. 따라서 과정이 정당하고 의무만 정직하게 행한다면 아무리 많은 부를 추구해도, 아무리 호의호식해도 문제가 없다고 생각하는 것은 잘못이다. 청지기로서의 신분을 망각한 것이다.

노블리스 오블리제

내가 어릴 적 다니던 교회에서 가장 많이 강조한 덕목이 '절제'였다. 그 때는 사회적으로도 '절약'이 미덕으로 강조되었다. 하지만 지금 교회는 '누림' 혹은 '풍요'에 대해 더 많이 말하고 있다. 사회에서도 '소비'를 미덕으로 가르친다. 어디서 먼저 시작되었는지 알 수 없으나, 교회는 사회와 같은 길을 가고 있다. 과거에는 목회자의 생활 수준이 그 교회 교인들의 중간쯤이면 가장 이상적이라는 통념이 있었으나, 지금은 귀한 주의 종이니 생활 수준도 교인들 중에서 가장 높아야 한다는 생각이 통하고 있다.

책임과 권리에 대해서도 마찬가지다. 과거에는 교회가 그리스도인들의 책임을 더 강조했다. 목회자에게도 책임의 문제가 가장 중요했다. 그런데 요즈음에는 권리를 더 많이 말한다. 그리스도인에게도 '누릴 권리'가 있다거나, 목회자에게도 '부를 누릴 권리'가 있다는 말을 한다. 사회도 마찬가지다. 사회 모든 분야에서 '권리 찾기' 운동이 한창이다. 여성의 권리, 노동자의 권리, 환자의 권리, 세입자의 권리, 공무원의 권리, 학생의 권리 등이 강조되고 있다. 이들의 권리가 아직 충분히 신장되지 못한 점은 인정하지만, 이런 와중에 '책임'과 '의무'라는 말이 실종된 것은 안타까운 일이다.

한 사람의 경제 생활은 그의 가치관을 가늠하게 해주는 좋은 기준이다. 돈을 어떻게 사용하는가를 보면 그 사람이 무엇을 중요하게 생각하는지를 알 수 있다. '돈 가는 데 마음도 간다'고 하지 않는가? 어떤 물건을 위해 큰 돈을 쓴다면 그는 그것을 중요하게 생각하고 있음에 틀림없다. 좋은 학자는 책을 사는 데 돈을 아끼지 않는다. 멋쟁이는 옷을 사는 데 아낌이 없다. 자선가는 어려운 사람을 돕는 데 아끼지 않는다. 상인은 돈 버는 일에 아끼지 않는다. 마약 중독자들은 환각제를 사는 데 아끼지 않는다. 이렇듯 그 사람이 돈을 가장 많이 사용하는 대상이 그 사람의 주요 관심사라고 보면 거의 틀림이 없다.

돈을 어떻게 사용하는지를 보면 또한 그 사람이 다른 사람들에 대해 얼마나 책임감을 느끼고 있는지를 알게 된다. 동생이 굶고 있는데 형은 골프를 즐기고 있다면 그는 동생에 대한 책임감을 잊은 것이다. 제자가 굶는 것을 아는 선생이 산해진미를 찾아 다닌다면 그는 선생으로서의 책임감을 잊은 것이다. 교인들은 만 원짜리 몇 장 때문에 굴욕을 참아야 하는데 목사는 마음껏 돈을 쓰면서 편한 생활을 하고 있다면 그는 목사로서의 책임감을 잊은 것이다.

목회자가 지나치게 호화로운 생활을 하는 것에 대해 불편해하는 이유가 여기에 있다. 그렇게 풍요롭게 사는 목사가 진실로 교인들의 문제를 알고 있으며 함께 아파할 수 있는지를 묻는 것이다. 그가 진정으로 영원한 것, 참된 것, 경건한 것에 마음을 두고 있는지를 묻는 것이다. '노블리스 오블리제'(noblesse oblige, 높은 신분에 따르는 의무)를 말하는 이유가 여기에 있다. 우리에게 어떤 명예가 주어졌다면 그것은 나 혼자만 즐기라는 것이 아니다. 「동래박의」(東萊博義)에 "명예를 누리기 시작한다는 것은 곧 책임을 지기 시작한다는 뜻이기도 하다"(受名之始 乃受責之始也)라고 했다. '목회자로서의 의무만 다하면 됐지, 왜 사생활에 참견이냐?'고 말한다면 그는 '노블리스 오블리제'를 잊은 것이다. 지도자로서의 자격에 문제가 있다. 이 말은 불편할 정도로 가난하게 살라는 뜻이 아니다. 영원한 것을 소망하는 사람답게 물질에 대해 소박하고 욕심 없이 살았으면 하는 바람이다. 이것은 종교 지도자에게 마땅히 기대할 만한 태도다.

누림이 아니라 절제

누림보다 절제가 그리스도인에게 더 어울리는 이유를 몇 가지로 정리할 수 있다. 첫째, 그리스도인에게는 가난하고 짓눌린 사람들에 대한 하나님의 관심을 살필 책임이 있다. 모두 다 풍요를 누리고 있다면 문제가 없다. 하지만 이 땅에 굶주리고 헐벗은 사람들이 있는 한 아버지이신 하나님은 결코 기뻐하실 수 없다. 아버지이신 하나님은 다른 자녀들 때문에 아파하시는데, 같은 자녀로서 자기의 것이라고 마냥 풍요를 즐긴다면 옳다 할 수 없다. 그는 하나님의 자녀로서의 책임도, 다른 형제 자매에 대한 책임도 잊은 것이다. 헐벗고 굶주리는 사람들을 기억하면서 우리의 식탁과 살림살이를 점점 줄여 가야 마땅하다.

교인들이 함께 모여 음식을 앞에 놓고 기도할 때 나는 '이런 음식이 없어서 고생하는 사람들을 기억하게 해주십시오'라는 말을 자주 했다. 내가 누리는 것을 다른 사람이 누리지 못하는 것을 기억해야 한다는 책임감 때문이었다. 그런데 진수성찬이 차려진 식탁 앞에서는 정작 이 기도를 할 수 없다. 그런 기도를 드리는 사람이라면 아예 호화롭고 사치스러운 음식을 차리지 말아야 한다. 마음껏 좋은 음식을 차려 놓고, 입으로는 "가난한 사람들을 기억하게 해주십시오"라고 기도할 때, 하나님이 어떻게 느끼실까? 그 기도는 소박하고 검소한 식탁 앞에서나 어울리는 기도다.

둘째, 절제가 그리스도인들에게 더 어울리는 이유는 육욕을 제어하고 영적인 세계를 갈망하는 것이 기독교 신앙의 본질이기 때문이다. 영적 생활의 근본은 욕구를 길들이는 데 있다. 나태하고 안일하게 살려는 욕구, 맛있는 것을 즐기고 싶은 욕구, 값비싼 옷으로 멋지게 차려 입고 싶은 욕구, 편안하게 살려는 욕구 등을 적절하게 제어하는 것이 기독교 신앙의 핵심에 속한다. 그래야만 영적인 것을 추구해 갈 수 있기 때문이다. 그리스도인이라면서 사치스럽고 호화롭고 기름진 것을 부지런히 찾아다닌다면 뭔가 크게 잘못된 것이다. 모시 적삼에 값비싼 외제차를 몰고 가는 스님의 모습이 어색해 보이는 것처럼, 사치스럽고 호화로운 삶과 그리스도인은 조화를 이루기 어렵다.

이 둘째 이유로부터 셋째 이유가 파생되는데, 그리스도인은 믿지 않는 사람과 다른 가치관을 가지고 살아간다는 것이다. 믿지 않는 사람들이 좋다고 생각하는 것과 그리스도인이 좋다고 생각하는 것이 항상 같을 수는 없다. 그리스도인은 믿지 않는 사람이 이해할 수 없는 특별한 기준을 가지고 살아간다. 그런 차별성이 없으면 아직 신앙이 충분히 성숙하지 않은 것이다. 세상 사람들이 좋다고 하는 옷을 그리스도인도 좋다고 하고, 세상 사람들이 좋다고 하는 차를 그리스도인도 좋다고 한다면 뭔가 잘못된 것이다. 예수님은 솔로몬의 옷보다 백합화의 소박함이 더 아름답다고 말씀하셨다(마 6:29). 가난한 자가 부자보다 더 행복하다고도 말씀하셨다(눅 6:20). 목숨보다 더 중요한 것이 있다고도 말씀하셨다(막 8:35). 세상적인 기준으로는 도저히 이해할 수 없는 말씀이다.

그리스도인은 예수님의 가치관을 배워 그대로 살아가려고 노력하는 사람이다. 바울은 성령의 열매 가운데 하나로서 '절제'를 꼽았다(갈 5:23). 그리스도의 영으로 충만한 사람은 소비와 누림을 절제할 능력을 얻게 된다. 이런 까닭에 풍요를 마음껏 구가하는 것은 그리스도인에게 어울리는 삶의 태도가 아니다.

부자 청년의 실패

이 대목에서 잠시 생각해 볼 이야기가 있다. 예수님을 찾아온 부자 청년의 이야기다(마 19:16-22). 이 사람에게는 재산이 많았다. 예수님과의 대화를 보면, 그는 신앙적 의무를 충실히 준수해 왔다. 부정하게 축재하지도 않았고, 다른 사람의 몫을 훔치지도 않았다. 종교적 열성이 대단했던 것을 볼 때 그는 십일조뿐 아니라 열성적인 바리새인들의 모범을 따라 십의 이조 혹은 십의 삼조를 했을지도 모른다. 유대인들의 3대 경건 생활 중 하나였던 구제도 열심히 했을 것이다.

그는 '몫 가르기'를 충실히 했다고 볼 만한 사람이다. 신앙적인 면에서뿐 아니라 경제적인 면에서도 그는 흠잡을 만한 구석이 없었다. 그런데 예수님은 그에게 "한 가지 부족한 것이 있다"고 지적하셨다. 예수님은 그 부족한 점을 명령법으로 표현하신다.

네 소유를 팔아 가난한 자들에게 주라. 그리하면 하늘에서 네게 보화가 있으리라. 그리고 와서 나를 따르라(21절).

청부론자들은 이 명령이 모든 사람들에게 적용되는 것은 아니라고 말한다. 옳다. 이 말씀이 적용돼야 할 사람들은 이러한 사람들이다. 종교적 의무를 다했다고 자만하면서 도에 넘치는 부를 사유하고 호의호식하는 일에 부끄러움을 느끼지 않는 사람들! 예수님은 모든 사람들에게, 재산을 다 팔아 나눠 주라고 요청하지 않으셨다. 이 명령은 일종의 극약 처방이다. 그런 처방을 쓸 수밖에 없었던 이유는 그가 재물에 너무 집착했기 때문이다. 그는 단지 자기의 돈을 소유했다고 생각했겠지만, 사실은 돈에 짓눌려 있었다. 예수님은 그를 해방시키기를 원하셨다. 선다 싱이 말했듯, 예수님은 이런 사람들에게 "수고하고 무거운 돈 진 자들아 다 내게로 오라. 내가 너희를 쉬게 하리라"고 말씀하실지 모르겠다."
많은 재물을 가지고 있지만 그것을 자신의 것으로 여기지 않고 검소하게 살며 이웃을 위해 선용하는 사람에게는 이런 명령을 주시지 않았다.

오늘 이 땅에도 도에 넘치는 부를 사유하고 호의호식하는 신앙인들이 많이 있다. 그들은 그것을 복으로 여기고 "내 잔이 넘치나이다"라고 찬양하지만, 하나님은 그들의 찬양을 외면하실지도 모른다. 신앙적 의무를 다했으니, 나머지 돈에 대해서는 자유하다고 생각하는 것은 크레이빌이 지적한, 복음적 요청을 피하기 위한 열 가지 우회로 중 하나다. 그는 "십일조는 풍요로운 생활을 정당화하기 위한 자기의(自己義)를 내세우는 방책이 되기 쉽다. 십일조를 호사스런 생활에 대한 변명으로 사용하기보다는 우리 생활 수준을 되도록 낮추어 남들에게 줄 것을 더 많이 마련하는 방법을 찾아야 할 것이다"[2]라고 갈파했다.

누구를 위한 계산법인가?

우리는 보통 내 수입에서 일정한 기준에 따라 다른 사람의 몫을 떼고 나머지를 자신을 위해 사용한다. 이 계산법에 따라 경제생활을 운영할 경우, 중산층 이하에 속하는 사람들은 어려움을 당할 것이다. 남의 몫을 제대로 나누고 나면 자신과 가족이 사용할 몫이 너무 적어지기 때문이다. 하지만 수입이 많은 사람들에게는 아주 좋다. 수입이 많아질수록 남는 몫(즉, 내 몫)이 커지기 때문이다. 이것은 가진 자에게 이로운 계산법이다.

이와 다른 계산법이 있다. 나 자신과 가족을 위해 사용할 금액을 미리 정하는 것이다. 구차하지 않으면서도 소박하게 살 수 있도록 생활비를 정해 놓고, 나머지를 참 주인이신 하나님의 뜻대로 사용하는 방법이다. 수입이 증가할수록 자신의 몫을 약간씩 늘려 가는 것은 나무랄 일이 아니다. 노후를 위해 적정한 저축을 하는 것, 노부모를 모시기 위한 지출, 적당한 문화 생활을 위한 지출은 나와 가정을 위한 몫에 포함될 수 있는 '좋은 지출'이다. 이기적 욕심이 발동하면 이 액수를 자꾸 늘리려 하겠지만, 하나님 앞에서 정직하다면 어느 정도 하나님의 기준에 맞게 정할 수 있을 것이다. 그 액수를 제한 나머지를 나누는 데 사용하면 지나 친 재물의 사유를 피할 수 있을 것이다.

이 계산법은 가난한 사람들의 짐을 덜어 준다. 가난한 사람에게는 그 자신과 가족의 최저 생계비가 보장되어야 한다. 궁핍한 상황에서도 하나님과 다른 사람의 몫을 정직하게 가르는 것은 칭찬할 일이다. 하지만 그것을 강요할 수는 없다. 그것은 종교적, 제도적 착취가 될 수 있다. 그들이 양심에 따라 스스로 결심하도록 해야 한다. 반면, 많이 가진 사람들은 이 계산법을 부담스러워할 것이다. 수입이 늘어도 자기 몫을 마음껏 불릴 수 없기 때문이다. 하지만 영성적 나눔의 기쁨을 경험하기 시작하면 자기 몫을 기꺼이 제한하게 될 것이다. 따라서 이것도 강요해서는 안 된다. 그것이 옳다고 믿고 스스로 결단해야 한다. 마치 삭개오가 자신의 재산을 털어 정의를 실천했던 것처럼 말이다.

이 점에서 로날드 사이더(Ronald J. Sider)가 제시한 '누진 십일조'를 주목해 볼 필요가 있다.[3] 사이더는 수입이 증가함에 따라 여유 자금이 많아지고 그로 인해 물질주의의 위협에 처하는 것을 방지하기 위해 이 아이디어를 냈다고 한다. 누진 십일조란 수입이 증가함에 따라 십일조의 비율을 높이는 방법이다. 이것은 자신의 몫을 일정 한도에서 제한하고 나머지를 하나님의 뜻에 따라 사용하도록 돕는 좋은 제안이다. 모든 사람이 꼭 이런 방식으로 해야 한다는 뜻은 아니며 사이더 자신도 그것이 가장 이상적인 모델이 아님을 분명히 한다. 다만 그러한 정신으로 경제 생활을 실천해야 한다는 뜻이다. 어떻게든 우리에게 맡겨진 모든 물질을 하나님의 뜻대로 사용하도록 고민하라는 뜻이다.

8. 절제: 절제는 성령의 열매다

토론을 위하여

갈라디아서 5:16-24을 읽으라. '성령의 일'과 '육체의 일' 중에서 풍요를 누리려는 욕구는 어디에 속하고 절제는 어디에 속하는가? 이 본문에 의하면 절제의 덕을 키우기 위해 어떻게 해야 하는가? 그리스도인의 누림은 그 한계가 어디라고 보는가?

성찰을 위하여

오늘날처럼 풍요 속에서 좌초하기 쉬운 시대에는 절제의 열매가 매우 절실하다. 당신 안에 성령님이 역사하셔서 자족하는 마음과 절제의 능력을 얻도록 기도하라. 무엇을 어떻게 절제할지 생각하고 실행하라.

더 읽을 책

헨리 데이비드 소로우, 「월든」(이레).

제3부

나눔으로 풍성한 행복

'나의' 빵이라는 것은 존재하지 않는다.
모든 빵은 '우리의' 것이다.
나에게 주어진 빵은 나를 통해 다른 사람에게,
다른 사람에게 주어진 빵은 그들을 통해 나에게 주어진 것이다.
　－마이스터 에크하르트(Meister Eckhart)

행복은 차원 높은 대상을 누리는 것이므로
그리고 차원 높은 대상은 위에 있으므로
자신을 초월하지 않고는 누구도 행복할 수 없다.
높은 공간으로 올라가는 것이 아니라
마음을 하나님께 높임으로.
　－보나벤투라(Bonabenture)

9
절약: 그리스도인은 영원한 오늘에 산다

> 결과적으로 저축은 그로 하여금 비기독교적인 경향을 강화하고 마침내 하나님 부재를 선언하게 한다.　　　　　　　　　　　　　　　　－자크 엘룰

실패한 실험

　청년 시절, 한 동안 나는 개인적으로 급진적 경제 원리를 신봉하고 실천한 적이 있다. 대학원을 다니면서 나는 아르바이트로 번역을 했다. 학생으로서는 제법 좋은 일감이었지만, 문제는 정기적으로 일정한 수입이 들어오지 않는 것이었다. 3개월이나 6개월만에 원고 뭉치를 가지고 가야 목돈을 손에 쥘 수 있었다.

　지금 같으면 그 돈을 통장에 넣고 다음 번역료를 받을 때까지 규모 있게 나누어 썼을 것이다. 그러나 당시에는 그렇게 하는 것이 옳지 않다고 생각했다. 적지 않은 돈(당시 나에게는)을 예금해 두고 나만을 위해 조금씩 빼 쓴다는 것을 용납하기가 어려웠다. 주변에 나처럼 어려운 신학생들이 많았기 때문에 더 그랬다. 그래서 번역료를 받으면 그 동안 밀린 등록금과 다른 비용을 지불한 다음, 얼마 정도만 남겨 두고 나머지를 필요한 사람들에게 주

었다. 그러면 얼마 지나지 않아 호주머니는 비고, 나는 또다시 직장 다니는 선배나 친구들에게 돈을 꾸었다. 나는 돈을 빌리는 데 당당했다. '내가 남은 돈을 필요한 사람에게 주었듯이, 내가 필요하면 당신들도 나에게 주어야 한다'는 식이었다.

결혼하기 전까지 3년 동안 이 방식으로 살았다. 내가 자주 돈을 빌린 친구나 선배들은 불편했는지 모르지만, 나 자신은 전혀 불편하지 않았다. 오히려 우직하게 진리를 실천하고 있다는 기쁨이 더 컸다. 그러나 결혼을 하면서 이 생활 방식을 바꾸게 되었다. 신혼 살림을 시작하고 얼마 되지 않아 생활비가 떨어졌다. 경제적 자립을 약속하고 결혼하였으므로 부모님께 손 벌릴 염치가 없었다. 돈을 빌릴 사람은 친구나 선배밖에 없었다. 결혼 전에는 당당하게 돈을 빌려 달라고 했는데, 결혼하고 나니 그렇게 하는 것이 무책임하게 느껴졌다. 결국 결혼하고 나서 받은 첫 번째 번역료는 고스란히 통장으로 들어갔다. 비정한 현실 앞에서 신념이 꺾인 것이다.

하지만 아직도 나는 그렇게 사는 것이 가장 옳다고 생각한다. 그것이 하나님이 에덴을 창조하셨을 때 의도하신 삶의 방법이었다고 믿는다. 하나님은 이 세상을 아무 부족함이 없도록 창조하셨다. 한 사람도 욕심부리지 않고 나누며 산다면 다같이 행복할 수 있다. 모두가 부족함 없이 살아갈 수 있다. 내일 일을 염려하지 않아도 된다. 모한다스 간디(Mohandas Gandhi)가 "이 세상에는 모든 인류의 필요를 위한 충분한 자원이 있다. 하지만 그 자원으로 모든 인간의 탐욕을 만족시킬 수는 없다"고 갈파했듯이 말이다.

문제는 인간의 이기심 때문에 충분한 자원이 골고루 분배되지 않고 있다는 점이다. 이는 잘못된 것이지만, 이 현실 안에서 살아가는 한 그 상황을 고려하지 않으면 안 된다는 것을 인정했다. 어느 정도의 저축은 필요악처럼 불가피하다는 사실을 받아들이게 되었다.

저축의 필요성

저축이 필요하다고 느끼는 이유는 크게 두 가지다. 하나는 이기심이다. 앞에서 충분히 살펴본 것처럼, 인간의 타락한 본성은 할 수 있는 한 많이 쌓아 두고 누리려고 한다. '필요'가 아니라 '욕심'을 따르는 사람에게 저축은 매우 중요한 안전 장치가 된다. 둘째는 미래의 불확실성이다. 미래의 불확실성은 사회 체제가 불완전하기 때문에 생기기도 하지만, 인간 삶의 근본 조건이기도 하다. 언제 질병이 닥칠지, 언제 죽음이 올지, 언제 천재지변이 생길지, 언제 사업이 기울지 예측하기 어렵다. 미래에 대한 이러한 불안감은 저축을 통해 어느 정도 해소할 수 있다.

최근 청부론을 주장하는 사람들은 이러한 상황을 현실로 인정하고 저축과 투자를 통해 경제적 대책을 세울 것을 적극적으로 권고한다. "보물을 땅에 쌓아 두지 말라"(마 6:19)는 말씀을 저축하지 말라는 뜻으로 해석해서는 안 되며, 오히려 신앙인의 고결성을 지키기 위해서라도 저축을 해야 한다고 강조한다. 그들은 경제적 대책을 세우지 않았다가 나중에 다른 사람에게 폐를 끼치는 것은 오히려 부덕한 것이라고 강조한다. 그러므로 저축을 신앙적인 미덕이라 하고, 목회자들까지도 적극적으로 저축해야 한다고 말한다.

오래 전의 일이지만, 어떤 이가 장관으로 입각하여 재산을 공개했을 때 목회자인 남편의 저축 액수가 알려져 논란이 된 일이 있었다. 그 때 많은 사람들이 목사가 현금을 저축하는 것에 대해 부정적으로 반응했다. 그러한 편견은 실제로 많은 부작용을 낳는다. 용감하게 저축의 필요성을 주장하며 자신의 저축 사실을 공개하는 목회자들은 많지 않다. 그렇다고 무소유, 무통장을 원칙으로 삼고 철저하게 지키는 목회자"도 별로 없다. 결국 사회적 편견은 많은 목회자들로 하여금 비자금을 만들도록 강요하고 때로는 거짓말까지 하도록 몰아세운다.

최근 목회자들이 은퇴하면서 교회가 제공하는 처우 때문에 갈등을 겪는 경우가 빈번해졌다. 은퇴 후 삶에 대한 불안감 때문에 전별금을 충분히 받아 내려는 목회자와 그렇게 할 수 없다는 교회가 갈등을 빚는 것이다. 이로 인해 평생 쌓은 신망이 하루아침에 몰락하는 일마저 생긴다. 반면, 위임 목사 제도하에서 평생 교회의 재정적 도움을 받을 수 있는 기득권을 단호히 거부하고 퇴임 즉시 재정적으로 독립하겠다고 선언하는 용기 있는 목회자들의 소식도 가끔 들린다. 그렇게 당당히 은퇴를 하려면 어느 정도 준비가 되어 있어야 한다. 그렇지 않으면 돈 때문에 평생의 목회 사역에 먹칠을 하게 된다. 나는 제자들에게 자주 이렇게 말하곤 한다. "은퇴 후 정해진 연금을 가지고 자족하며 살 자신이 없으면, 처음부터 부끄럽지 않을 정도의 노후 계획을 세워라. 그리고 은퇴할 때 깨끗이 떠나라. 그것이 더 명예로운 선택이다!"

'영원한 오늘'에 살라

그리스도인도 저축할 필요가 있다는 점 그리고 목회자도 저축을 통해 경제 생활을 규모 있게 할 필요가 있다는 점을 나는 현

9. 절약: 그리스도인은 영원한 오늘에 산다

실로 인정한다(그것이 하나님의 뜻에 일치하는지는 100% 확신하지 못한다. 내 불신앙이 저축의 필요성을 합리화시키도록 속이고 있는지도 모르겠다. 저축 없이 하나님께만 절대적으로 의존하고 사는 것이 옳을지 모른다는 생각을 완전히 지울 수 없다. 하지만 나 자신도 그렇게 하지 못하고 있으니 어쩌랴! 지금으로서는 하나님이 이 타협을 허락하시리라고 믿고 있다. 그러므로 독자들은 이후에 내가 하는 말들을 조심해서 읽기 바란다. 이 내용들은 '잠정적 결론'이다). 다만, 현재 사회적 상황을 감안할 때 피할 수 없는 일이라고 받아들인다. 하지만 아무런 단서 없이 '저축이 필요하며 정당하다'고 말하는 것에는 동의할 수 없다. 이렇게 되면 도에 넘치는 부의 축적을 부추길 수 있기 때문이다. 저축을 전적으로 부정하는 것도 비현실적이지만, 무조건 두둔하는 것도 잘못이다. 그러므로 저축의 필요성을 인정하는 동시에 몇 마디를 덧붙이고자 한다.

저축이 왜 위험을 내포하는가? 예수님이 가르쳐 주신 삶의 원리를 왜곡시킬 수 있기 때문이다. 잘 알려져 있는 주님의 말씀을 기억해 보자.

> 공중의 새를 보라.
> 심지도 않고 거두지도 않고
> 창고에 모아들이지도 아니하되
> 너희 하늘 아버지께서 기르시나니
> 너희는 이것들보다 귀하지 아니하냐?…
> 들의 백합화가 어떻게 자라는가 생각하여 보라.
> 수고도 아니하고 길쌈도 아니하느니라.

그러나 내가 너희에게 말하노니
솔로몬의 모든 영광으로도
입은 것이 이 꽃 하나만 같지 못하였느니라(마 6:26, 28-29).

이것이 예수님이 요청하신 삶의 태도다. 이것은 아무 일도 하지 말고 게으르게 살라는 뜻이 아니다. 공중의 새나 들의 백합화는 모두 열심히 일한다. 다만, 미래의 안전과 풍요를 보장할 목적으로 일하지 않는다는 점이 인간과 다르다. 이 점에 대해 달라스 윌라드(Dallas Willard)는 다음과 같이 정곡을 찌른다.

물론 이 요청은 우리를 모든 불안에서 건져 주시는 우리 아버지에 대한 믿음의 표현이다. 강조점은 **오늘의 필요에 대한 오늘의 공급**에 있다. 이것은 하나님이 언제나 오늘—그 날이 언제이든—임재하는 분이기 때문이다. 그분의 통치는 '영원한 지금'이다. 그러므로 우리는 내일 필요한 것을 오늘 채워 달라고 구하지 않는다. 오늘 내 손에 있다고 해서 내일 막상 필요할 때도 내 손에 있으리라는 보장은 없다. 오늘 내게는 하나님이 계시며, 나에게 필요한 모든 것은 **그분께** 있다. 내일도 동일할 것이다. 그러므로 나는 단순히 오늘 필요한 것을 오늘 구한다. 지금 필요한 것을 지금 구한다(강조는 원문에 있음).[2]

예수님은 우리가 어떤 제도하에 살든 오늘의 하나님을 믿고 항상 오늘에 살도록 요청하셨다. 폴 틸리히(Paul Tillich)가 말했듯, 우리는 '영원한 지금'(eternal now)에 살도록 부름받았다. 이 부르심을 철저히 따르는 사람은 때마다 공급해 주시는 만나에 의지하고 산다. 만나는 그 날 먹으면 끝나는 것이다. 내일을 위해 비축할 수 없다. 내일 만나가 내리지 않으면 어쩌나 하고 염려하는 것이 불신앙이다.

자크 엘룰은 미래의 안전을 저축한 돈에서 찾으려는 태도 때문에 저축이 불신앙의 표시가 된다고 말한다. 저축이 부족할 때 생길지도 모를 '폐 끼치는 상황'을 고려할 필요도 있지만, 저축이 많아질 때 어김없이 생길 '맘몬 신앙'을 더 경계해야 한다. '폐를 끼치지 않겠다'는 말이 매우 좋게 들리기는 하지만 자기 합리화의 수단이 될 수 있다. 엘룰의 말을 인용해 보자.

[저축은] 미래의 불확실성, 삶의 돌발 사고에 대비하여 재물을 예비해 두어 불의의 사고에 대비하고자 하는 자세다. 그것이 저축의 역학 구조다. 그것은 믿지 않는 자, 유물론자 그리고 대부분의 사람들에게는 아주 합당한 행위다.····그러나 하나님에 대해 들은 사람, 아마도 하나님이 자기에게 말하는 것을 들은 사람에게는 이러한 태도가 치명적인 것이 된다. 왜냐하면 거기에는 하나님에 대한 불신이 내포되어 있기 때문이다. 그가 저축에 그만큼 신뢰를 두는 것은, 하나님은 우리 삶을 올바르게 인도할 능력이 없다든지, 또한 하나님은 우리에 대해 나쁜 의지를 갖고 있다는 생각에서 출발하는 것이다. 우리 삶을 인도하는 분이 하나님이라는 확신을 갖고 있다면(시 139편), 저축하는 것은 우리에 대한 하나님의 의지에 대항하는 것이다. 우리에 대한 하나님의 자유로운 조치, 그의 자유로운 은혜를 거스르는 행위다. 그렇게 함으로써 우리는 미래의 불확실성과 미결정을 피하려고 한다.[3]

저축을 많이 해 놓고 미래에 대해 안심하는 것은 예수님의 비유에 나오는 '어리석은 부자'의 태도다. 그는 자신과 가족을 위해 곡식을 많이 쌓아 두고는 "영혼아 여러 해 쓸 물건을 많이 쌓아 두었으니 평안히 쉬고 먹고 마시고 즐거워하자"(눅 12:19)고 말한다. 예수님은 이 사람을 '어리석다'고 판정하신다. 미래의 보장을 돈의 힘에서 찾으려 했기 때문이다. 아무리 많은 것을 쌓아 놓아도 하나님이 미래를 허락하시지 않으면 무용지물이 된다. 변하지 않는 안전 보장은 하나님께 있다(시 12:5).

저축에 대해 조심하지 않으면 우리는 예수님이 그렇게도 경고하셨던 불신앙의 위험에 빠진다. "노후에 쓸 돈이 충분히 마련되었으니 이제는 안심이다"라고 말하는 순간 우리는 맘몬 숭배자로 전락한다. 하나님이 우리를 위해 마련해 두신 모든 미래의 가능성을 미리 차단해 버린다. 하나님이 없어도 잘 살 것 같은 착각에 빠진다. 바로 이것 때문에 돈이 위험하다고 말하는 것이다.

저축은 부득이한 선택

그러나 현실적으로 그리스도인의 선택은 하나뿐인 것 같다. 나 자신과 가정을 위해 경제 생활을 규모 있게 해 가면서 할 수 있는 한 많이 나누도록 힘쓰는 것이다. 함께 나눌 재화를 나만을 위해 쌓아 두는 것이 원리적으로는 옳지 않지만, 상황적으로 어느 정도까지는 그러지 않을 수 없다. 그러므로 제한된 범위 내에서 저축하고 노후를 준비하는 것은 괜찮을 것 같다. 이렇게 현실이 만만치 않음에도 불구하고 무소유, 무통장의 삶을 택하는 사람들이 있다. 그들은 존경받아 마땅하다.

그러나 조심할 것이 있다. '상황이 그럴 수밖에 없다'는 것을 빌미로 분에 넘치도록 재산을 불리고 호의호식하는 일을 정당화하는 것이다. '상황이 그럴 수밖에 없다'는 말은 '부득이(不得已)함'을 의미한다. 노자가 가르치듯, 부득이하게 어떤 일을 행할 때는 필요한 만큼만 하고 중단해야 한다.[4] 한계가 중요하다. 전쟁에 참여한 그리스도인 병사(전쟁에 참여하는 것이 신앙적으로 옳으냐는 논의는 일단 제쳐 두자)는 살상(殺傷)이 '필요한 경우 부득이하게' 허용된 것임을 기억해야 한다. 그 사실을 잊으면 그는 많은 사람을 무참히 살상하게 될 것이다. 우리는 잔인한 살육을 '상황의 필요성'으로 합리화하는 경우들을 많이 보아 왔다.

마찬가지다. 저축을 통해 규모 있게 경제 생활을 하는 것은 상황 때문에 하는 부득이한 일이다. 그러므로 스스로 정직하게 판단하여 한계를 정해야 한다. 물론, 독자들 가운데 저축액이 너무 많아서 고민하는 사람들보다는 빚이 많아서 고민하는 사람들이 더 많을 것이다. 따라서 이 논의는 상대적으로 혜택을 많이 받은 사람들에게 해당하는 것이다. 이들에게 만일 '할 수 있는 대로 열심히' 저축하라고 말한다면, 그들은 분에 넘치는 돈을 저축해 놓고도 부끄러움이나 책임감을 느끼지 못할 것이다.

저축에서 '한계'와 함께 고려해야 할 또 하나의 요소는 '동기'다. 자크 엘룰은 저축에 대해 강도 높게 경고하면서, 허용될 수 있는 저축을 몇 가지로 제한한다.[5] 예를 들면, 꼭 필요한 어떤 물건을 사기 위해 혹은 검소한 정도의 집을 마련하기 위해 저축하는 것은 허용될 수 있다. 회사가 사업 확장이나 제품 연구를 위해 기금을 마련하는 것도 여기에 해당한다. 불규칙한 수입에 의존해 사는 가장이 안정된 가정 경제를 위해 저축하는 것도 마찬가지다. 가파르게 치솟는 교육비를 위해 미리 계획을 세워 준비하는 것도 탓할 일이 아니다. 이처럼 선한 목적을 위한 단기적인 저축, 더 큰 나눔을 위한 저축, 재투자를 위한 저축, 단기적인 경제 조절을 위한 저축은 허용될 수 있다. 미래의 안전을 보장하려는 데 목적이 있지 않기 때문이다. 자신의 개인적인 욕구 충족을 위해 저축하는 것이 아니기 때문이다.

요한 웨슬리(John Wesley)의 경제 원리는 매우 잘 알려져 있다. '할 수 있는 한 벌라', '할 수 있는 한 저축하라', '할 수 있는 한 다 주라'는 세 가지 원칙이다.[6] 이 원칙을 아는 사람은 많지만 그 말에 담긴 의미를 제대로 아는 사람들은 별로 없는 것 같다. 그의 설교문을 보면 '할 수 있는 한 저축하라'는 말은 '할 수 있는 한 아끼라'는 뜻이다. 자신을 위해 돈을 쌓아 놓으라는 말도 아니고, 불안정한 미래를 저축으로 보장하라는 말도 아니다. 불필요한 소비를 줄이라는 뜻이다. 육욕을 충족시키기 위해 허튼 데 돈을 쓰지 말라는 뜻이다. 그렇게 모은 돈을 '할 수 있는 한 다 주라'고 말한다. '나누고 남은 것을 저축하라'는 것이 아니라 '아껴서 모은 돈을 나누라'는 것이다.

투자와 투기

저축과 관련하여 함께 생각해야 할 문제가 '투자'와 '투기'의 문제다. 투자는 말 그대로 여유 자금을 사용해 산업을 활성화시키는 활동을 가리킨다. 자신의 여윳돈을 사업의 밑돈으로 대 주고, 그 결과로 생긴 수익금을 분배받는 것이다. 자본주의 사회에서 투자는 경제 발전의 밑천이다. 따라서 어떤 면에서 투자는 은행에 현금을 보관하는 것보다 훨씬 선한 일이 될 수 있다. 은행에 보관한 돈도 어떤 방법으로든 투자되지만, 최근 우리 은행들의 행태에서 보듯 부당한 경제 활동의 밑돈이 되는 경우도 많다. 은행 이자율이 낮아진 요즘 투자를 선호하는 사람들이 많은데, 더 많은 수익을 위해서가 아니라 사회 발전을 위해 투자한다는 자세를 갖는 것이 바람직하다.

문제는 투자가 아니라 투기다. 투자와 투기가 어떻게 다른가? 이 둘은 비슷해 보이지만 「경제 용어 사전」에서도 분명하게 구분 짓는 별개의 개념이다. 사전적 정의에 의하면 '이익을 얻을 목적으로 자본이나 자금을 대는 것'이 투자다. 하지만 이 정의는 표면적 의미만을 보고 있다. 더 크게 본다면, 투자는 생산적인 사업을 위해 밑돈을 댐으로써 사회를 발전시키고 인재를 돕는 선한 행동이다. 그러나 투기는 '단기간에 대폭적인 가격 변동이 있을 것을 예견한 매매 행위'를 가리킨다. 투기 거래 대상은 가격 변동이 심한 동시에 전망을 예측하기 어려운 주식이나 상품, 부동산 등에 집중된다. 그러므로 투기는 말 그대로 돈벼락 맞을 기회(機)를 위해 돈을 던지는(投) 일로, 가장 쉽고 빠르게 큰 돈을 벌려는 데 목적이 있다. 이것은 그리스도인으로서 떳떳하지 못한 행동이다. 여기에는 몇 가지 이유가 있다.

첫째, 한 사람이 맞는 돈벼락은 다른 많은 사람들이 받는 재앙의 결과다. 이 세상에 공짜란 없다. 내가 많이 가지면 다른 사람이 덜 가지게 되어 있다. 땀과 노력의 결과로 조금씩 더 가지게 되는 것을 나쁘다고 할 수는 없다. 물론, 정도가 지나치지 않다면 말이다. 그렇지만 투기는 이것과 다르다. 짧은 시간에 한 사람에게 엄청난 돈이 몰리는 것은 많은 사람들이 순식간에 파산하는 결과로 이어진다. 그 사람들을 직접 만날 수 없기 때문에 심각하게 느끼지 못할 뿐이다. 혹은 복권처럼 손실이 수많은 사람들에게 나눠지기 때문에 느끼지 못하는 것뿐이다. 그리스도인으로서 이러한 불의한 경제 활동에 발을 들여놓는 것은 부끄러운 일이다.

둘째, 불로소득(不勞所得)을 기대하는 것은 신앙적으로 맞지 않는다. 신앙을 떠나 보더라도 불로소득은 결과적으로 대개 그 사람에게 득이 되기보다는 그 사람을 타락시킨다. 어떤 사람이 돈벼락을 맞아서 더 훌륭해졌다는 말을 들어 보았는가? 반대로, 돈벼락이 사람을 타락시키고 가정을 파괴시켰다는 이야기는 얼마나 자주 접하는가? 그리스도인이라면 자신이 땀 흘려 일한 대가만을 취하는 것이 옳다. 불로소득이 얼마나 위험한 것인지를 꿰뚫어 보아야 한다. 돈은 많을수록 좋은 것이 아니다. 정상적인 과정으로 들어오는 돈도 잘못 다루면 재앙의 씨앗이 된다. 하물며 불로소득은 더 말해 무엇하랴?

셋째, 투기에 사로잡히면 영적 생활에 큰 지장을 받는다. 삶의 목표가 흔들린다. 주식을 사 놓고 틈만 나면 주식 시세표를 보며 일희일비하는 사람들을 나는 직장에서 많이 보았다. 주식에 '투자'(경영에 참여하기 위해 혹은 장기적인 재정 계획을 위해 주식을 사 두는 것)하지 않고 '투기'(시세 차익을 노리고 단기간에 사고 팔기를 반복하는 것)하면 이렇게 된다. 처음에는 재미로 하더라도 결국은 주가 변동이 그 사람의 마음을 사로잡는다. 그 사람의 삶의 목표는 주식 시세가 오르는 것이고, 그것을 확인하고 고민하느라 시간을 허비한다. 설교를 듣고 있어도, 기도 드리려고 눈을 감아도 주식 시세만 생각난다. 결국 그 사람은 주식의 노예가 되어 버린다.

사정이 이러함에도, 투자와 투기를 구분하지 않은 채 그런 활동을 적극적으로 부추기는 기독교 지도자들이 적지 않다. '투자의 지혜'가 설교의 주제가 되는 경우도 있고, 투자한 주식 값이 오르도록 기도하는 것은 신앙인의 권리라고 말하기도 한다.[7] 회사 발전을 위해서가 아니라 자기의 주식 값이 오르기를 기도한다니, 그들이 말하는 투자는 투기에 가깝다. 그들은 그 투자로 인해 생기는 수익을 하나님의 뜻을 위해 사용하겠다는 목표만 뚜렷하면 문제가 없다고 말한다. 목표만 좋으면 수단은 얼마든지 정당화될 수 있다는 뜻이다. 그러나 이것은 기독교적 사고 방식이 아니다. 투기로 번 돈이 도박으로 번 돈보다 낫다고 생각하면 안 된다. 그리스도인은 일정한 기간 여윳돈을 은행에 맡기거나 다른 방식으로 건강한 투자를 하는 것이 옳다.[8] 일확천금의 기회를 기대하고 두리번거리는 것은 그리스도인에게 어울리지 않는다.

토론을 위하여

사람들이 좋아하는 재테크 방법들을 나열해 보라. 각각의 방법이 경제적·사회적·신앙적으로 어떤 문제점을 안고 있는지 생각해 보라. 그리스도인으로서 부끄럽지 않은 방법은 어떤 것이며, 그 방법을 정의롭게 사용하는 방법은 무엇인가?

성찰을 위하여

기도하면서 하나님이 허락하실 만한 저축과 투자 방법 그리고 그 목적을 생각해 보라. 각각의 목적에 부합하는 적정액을 산출하라. 저축과 투자 과정에서 나눔의 책임을 어떻게 이행할지에 대해서도 계획을 세우라. 여윳돈이 적정액을 넘을 때는 어떻게 할지 생각해 보라.

더 읽을 책

황호찬, 「돈, 그 끝없는 유혹」(IVP).

나눔: 혼자만의 행복은 없다

> 진정한 부자는 많이 가지고 있는 사람이 아니라 많이 주는 사람이다.
> – 요한 크리소스톰(John Chrysostom)

영성적 나눔

내 소비를 줄여 다른 사람의 어려움을 덜어 주는 나눔은 내 행복을 감소시켜서 다른 사람의 행복을 증가시키는 것처럼 보인다. 그러나 실제로 나눔이란 어느 한 편을 가난하게 만들어서 다른 한 편을 부유하게 하는 것이 아니다. 나 자신만을 위해 부를 쌓는 것이 결국 나와 이웃 모두를 가난하게 만드는 것처럼, 나눔은 나와 이웃 모두를 풍요롭게 한다. 이 진실을 보지 못하면 우리는 진정한 나눔의 기쁨을 경험할 수 없다. 단지 누구를 도왔다는 공로감만 있을 뿐이다.

윤리적 의무감이나 사회적 정의감으로 행하는 나눔에도 나름대로 의미는 있다. 그러나 영성의 결과로 행하는 나눔에는 미치지 못한다. 영성의 결과로서의 나눔은 모든 것을 가지셨으나 모든 것을 비우시고 가난을 택하신 예수님을 본받는 것이다. 그 가난 안에서 우리는 하나님을 참되게 만난다. 이 점에 대해 엠마뉘엘 수녀는 이렇게 말한다.

> 인간이 자신의 허물을 벗는 날이, 그의 집착들이 풀어지는 날이 언젠가는 올 것이다. 되찾은 그 원초적 가난 안에서 마침내 그는 '아가페' 안에 머무르게 될 것이다. 영원히 정화된 그 사랑은 이제 더 이상 정복되는 것이 아니라 서로 주고받는 그런 것일 것이다. 그것은, 어떻게든 남들이 가질 수 있도록 자신은 덜 가질 것을 받아들인 모든 이들이 이룰 수 있는 최상의 만남일 것이다. 마침내 눈부신 빛, 산맥의 가장 높은 봉우리, 하나님이 나타나실 것이다.[1]

우리가 말하는 나눔은 이런 것이다. 공적을 쌓자는 것도 아니요 칭찬을 받자는 것도 아니다. 우리를 위해 자신을 비우신 예수 그리스도 안에서 자신을 새롭게 발견하고 그분의 감화력으로 자신을 비우는 것이다. 이로써 우리는 그리스도께서 사신 가난을 닮고 그분이 경험하신 신비에 이른다. 영적으로 깨어나 내 손에 들어온 넘치는 재물이 본래 내 것이 아니었음을 깨닫는다. 영성적 나눔은 구제나 자선이 아니다. 그들의 몫이 우연히 내 손에 들어온 것을 깨닫고 제 주인을 찾아 돌려주는 것이다. "가난한 사람에게 물질을 나누는 부자는 자선을 하는 것이 아니라 빚을 갚는 것이다"라는 암브로스(Ambrose of Milan)의 말은 옳다. 우리는 나눔에 대해 공로를 주장할 이유가 없다. 할 일을 했을 뿐이다.

나눔이 나를 불행하게 하는 것이 아니라 오히려 진정으로 행복하게 한다는 사실은 생명의 신비를 묵상할 때 확인할 수 있다. 그러나 우리는 근대 과학의 기계론적 우주관을 아직도 신봉하고 있다. 이 세계관에서 나와 너는 완전히 분리된 것처럼 보인다. 그래서 나를 행복하게 하기 위해서는 다른 사람을 불행하게 할 수밖에 없다고 생각한다. 나눔은 나를 불행하게 하여 다른 사람을 행복하게 하려는 노력처럼 보인다.

현대 과학은 이러한 세계 인식이 잘못되었음을 증명하고 있다. 생명과 우주에 대한 새로운 차원이 밝혀지고 있다. 이 새로운 인식에 의하면, 몸은 분리되어 있어도 모든 인간 존재는 하나로 연결되어 있다. 모든 인류가 한 생명에 뿌리를 두고 있으며 서로 분리할 수 없는 관계에 있다. 이것은 오래 전에 종교인들이 직관적으로 꿰뚫어보았던 진실인데, 지난 300년 동안 이 증언을 허튼 소리로 매도하던 과학자들이 최근에 인정하기 시작한 것이다.

"네 이웃을 네 몸과 같이 사랑하라"는 예수님의 말씀은 '너 자신을 사랑하는 것처럼 이웃을 사랑하라'는 의미에 그치지 않는다. '이웃에게 하는 행동이 곧 너 자신에게 하는 것이다'라는 뜻도 포함한다. 다른 사람의 몫을 빼앗아 내가 행복해질 수 있다는 생각이 착각이라는 뜻이다. 다른 사람이 눈물짓고 있는 이상 나는 진정으로 행복할 수 없다. "혼자만의 행복이란 존재하지 않는다"는 토마스 머튼(Thomas Merton)의 통찰은 옳다. 다른 사람이 웃을 때 나도 진정으로 웃을 수 있다. 나눔은 이러한 생명의 신비를 깊이 인식하고 행할 때 참된 의미를 가진다. 내 것으로 남을 돕는다는 생각을 버리고, 고통받고 눈물짓는 사람이 곁에 있는 한 나 혼자 행복할 수 없다는 믿음으로 행해야 한다.

할머니들의 반란

나눔은 이렇게 아름답고 신비로운 것이지만, 이 주제를 논하다 보면 다음과 같은 질문을 자주 받는다.

내 물질을 어느 한계까지만 사용하고 그 이상의 재물을 가난한 사람들과 나누어야 한다면, 그리스도인들은 다 빈털터리가 되라는 말인가? 믿음을 가진 사람은 모두 테레사 수녀나 아시시의 프란시스처럼 살아야 하는가? 그렇게 되면 그리스도인 가운데 기업가가 나오겠는가? 그리스도인들이 모두 빈털터리가 되면 교회는 무슨 힘으로 주님의 일을 하겠는가?

이 반론은 나눔의 의미를 너무 좁게 이해한 결과다. 우리는 나눔에 대해 넓게 이해할 필요가 있다. 좁은 의미의 나눔은 '어떤 물질'을 '어떤 사람'에게 '직접' '몇 번' 주는 것을 가리킨다. 이런 식으로만 나눔이 이루어진다고 생각하면 안 된다. 넓은 의미로 이해하면, 나눔은 '단기적으로 혹은 장기적으로' '물질적인 혹은 정신적인' 도움을 '직접적으로 혹은 간접적으로' 주는 것이다. 이 나눔은 단기간에 자신의 재산을 없애는 것이 아니다. 좋은 기업을 일구어 많은 직원들에게 안정적인 삶의 기반을 제공하는 것은 좋은 나눔의 방법이다. 소비자들에게 양질의 제품을 공급하기 위해 회사의 수익을 연구에 재투자하는 것도 나눔의 좋은 방법이다. 장기적 나눔을 위해 단기적 나눔을 유보하는 것, 목돈을 나누기 위해 푼돈을 저축하는 일은 칭찬받을 일이다.

얼마 전 어느 방송사에서 '할머니들의 반란'이라는 제목으로 소개한 할머니들의 감동적인 이야기를 나는 기억하고 있다. 그분들은 평생 가난하게 살면서 삯바느질로 혹은 폐지를 주워 번 돈을 모아 대학교에 기증했다. 그분들은 자신을 위해서는 꼭 필요한 만큼의 물질로 만족하면서 돈을 모았다. 이 저축은 큰 나눔을 위한 저축이다. 큰 나눔을 위해 작은 나눔을 유보했던 것이다. 푼돈으로 돕는 사람도 필요하고, 목돈을 만들어 나누는 사람도 필요하다. 방법이 다를 뿐, 둘 다 진정한 나눔임에 틀림없다.

기업가의 경우도 그렇다. 우리는 유한양행의 창설자인 유일한 선생을 존경한다. 그가 기업을 일구어 많은 돈을 모았지만 그것을 자신의 재산으로 삼지 않았기 때문이다. 미국 펜실베니아 허쉬 타운(Hershey Town)에는 밀튼 허쉬(Milton Hershey)가 세운 초콜릿 공장과 그 공장의 이익금으로 운영되는 밀튼 허쉬 학교(Milton Hershey School)가 있다. 이 학교는 허쉬 사장이 사재를 전부 투자하여 만든 고아 학교로 출발했으며 지금은 결손 가정 학생들을 위한 학교로서 최고급 교육을 무상으로 제공하고 있다. 이것이 얼마나 큰 나눔인가?

사업으로 번 돈을 저축하는 것 자체가 문제는 아니다. 그 돈을 재투자하여 사업을 더 일구고 더 많은 사람들을 고용한다면 그것은 좋은 나눔의 방법이다. 그리스도인 사업가는 통장에 쌓인 돈 때문에 즐거워하지 않는다. 사업을 통해 만들어 낸 좋은 제품과 그 사업장에서 일하는 직원들의 안정된 삶을 보고 기뻐한다. 회사의 이익은 당연히 이 일에 사용되어야 한다.

누구를 위한 사업인가?

김동호 목사는 '포도원 품꾼의 비유'(마 20:1-16)를 들어 그리스도인 사업가가 마땅히 가져야 할 마음 자세를 이렇게 설명한다.

여기서 우리는 그 포도원 주인의 마음을 헤아릴 수 있다. 그것은 그가 자기 포도원만 위하느라 일꾼을 찾는 사람이 아니었다는 점이다. 그는 자기 포도원을 위해 일꾼을 찾는 사람이 아니라 일꾼을 위해 포도원을 경영하는 사람처럼 보인다. 나는 이것이 크리스찬이 가져야 할 중요한 마음 자세라고 생각한다.[2)]

옳은 말이다. 선한 포도원 주인은 그 포도원을 일꾼들의 생활 터전으로 생각한다. 반면, 악한 포도원 주인은 일꾼들을 착취하여 자신의 수입을 늘리려고 한다. 선한 포도원 주인은 임금과 비용을 제하고 남은 수입을 저축하여 포도원을 확장하고 더 많은 일꾼을 고용한다. 그는 모든 행동을 자신의 수입이 아니라 일꾼들의 복지를 위해 계획하고 진행한다. 반면, 악한 주인은 품꾼들의 임금을 줄여서라도 자신의 몫을 늘리려 한다.

예수님이 말씀하신 '선한 목자의 비유'(요 10장)도 같은 뜻으로 해석할 수 있다. 삯꾼 목자는 자신의 수입을 위해 양을 돌본다. 반면, 선한 목자는 양을 위해 자신의 목숨까지 희생한다. 목자를 위해 양이 존재하는 것이 아니라 양을 위해 목자가 존재한다고 생각한다. 세상 사람들은 이 사람을 '어리석다'고 한다. 하지만 예수님은 그를 '선하다'고 하신다. 이것은 예수님의 사역에 대한 비유지만, 그리스도인의 삶의 원리이기도 하다. 우리는 어떤 사람을 만나든, 어떤 일을 하든, 어떤 사업을 하든, 이기적 목적으로 하지 말아야 한다. 나의 헌신으로 다른 사람들이 행복해지도록 해야 한다.

그리스도인 사업가들 중 적지 않은 사람들이 사회로부터 혹은 동료 교인들로부터 존경받지 못하는 이유가 여기에 있다. 나는 한동안 그리스도인 사업가들을 위한 성경 공부를 인도하고 그들과 교제한 경험이 있다. 그들 중에는 손해를 감수하더라도 정당하고 공정한 경쟁을 하려는 사람들도 꽤 있지만, 그렇지 않은 사람들도 적지 않았다. 사업을 하면서 부정한 관례를 따를 수밖에 없다고 하소연하는 사람들을 교회에서 자주 만난다. 사업하는 과정이 정당하고 정의로워야 한다는 것은 알지만 그렇게 하기 어려운 현실을 인정해 달라고 말한다. 많은 경우 신앙은 사업 현장에서 지은 죄에 대한 위안과 경쟁에서 승리를 확보해 줄 '플러스 알파'(+α)의 요소일 뿐이다.

아울러 그리스도인 사업가들도 기업의 공개념(公槪念)을 받아들이지 못하는 경우가 많다. 자신의 돈과 희생으로 일군 기업이니 '내 것'이라는 생각이 드는 것은 이해할 수 있다. 사실 '내 것'이라는 애착심 없이는 큰 기업을 일구기 어렵다. 그러나 그 기업을 자신의 소유로 생각하고 기업의 수입을 모두 자신의 몫이라고 생각하는 것은 큰 잘못이다. 주인 의식과 소유욕은 전혀 다른 것이다. 직원들에게 월급을 주면서 마치 자기 개인 돈을 주는 것처럼 행동하면 안 된다. 일꾼들을 위해 포도원을 경영하는 선한 주인처럼 혹은 양들을 위해 목장을 경영하는 선한 목자처럼, 기업가들도 기업을 직원들의 것으로 그리고 모든 시민들의 것으로 생각해야 한다. 기업가들도 다른 직원들처럼 자기 몫의 월급에 만족할 정도로 성숙해져야 한다.

이렇게 말하면 "그러면 기업가들이 무슨 재미로 고생하며 사업을 하겠는가?"라고 질문할 사람들이 있을 것이다. 얼른 보면 정당한 반론인 것 같지만, 이 질문을 뒤집으면 "나는 내 욕심을 만족시키기 위해 사업을 하고 있다"는 뜻이 된다. 이기적 욕망을 충족할 수 있어야 정열을 다해 일할 것이라는 뜻이다. 믿지 않는 사람들이 이렇게 말하는 것은 어느 정도 양해할 수 있지만(존경할 만한 일은 아니다. 믿지 않는 사업가도 이기심을 버리고 사업하는 사람이 적지 않다), 그리스도인 사업가에게는 전혀 어울리지 않는 생각이다. 그리스도인은 이기심을 만족시키기 위해 살지 않는다. 그들은 하나님께 영광을 돌리고 다른 사람들의 행복을 위해 이바지하는 데서 보람과 기쁨을 얻는다. 이 원리는 사업에도 적용되어야 한다.

토론을 위하여

나눔이 '생각 없는 퍼 주기'가 되면 자신에게나 이웃에게나 똑같이 해를 입힐 수 있다. 그렇기 때문에 나눔을 열정만으로 행해서는 안 된다. 치밀한 점검이 필요하다. 모두에게 도움이 되는 나눔은 어떤 것인가? 내 것을 나누려 할 때, 꼭 생각해 보아야 할 요소들은 무엇인지 이야기해 보라.

성찰을 위하여

당신은 그 동안 얼마나 나눔의 정신을 실천해 왔는가? 반대로, 다른 사람이 행한 나눔의 덕을 얼마나 많이 입었는가? 나눔을 실천하지 못하게 하는 요인은 무엇인가? 그것을 붙들고 기도하라.

더 읽을 책

김진홍, 「새벽을 깨우리로다」(홍성사).

행복: 소유가 아니라 존재요 관계다

> 어떤 것을 자기 혼자만 갖고 싶다는 소원은 악한 인간만이 가질 수 있는 소원이다. 사람이 행하고 경험하는 일이 참된 행복에 가까우면 가까울수록, 그 행복을 남에게도 나누어 주고 싶다는 소원은 더욱 간절해지는 법이다.
> —톨스토이

남 좋은 일 시킬 수 없다?

앞에서 설명한 나누는 삶의 패턴은 잘못하면 공산주의 체제처럼 인간의 노동 의욕을 저하시킬 위험을 품고 있다. 노동의 대가를 사유하게 하고 떳떳하게 누릴 수 있는 환경이 조성되지 않으면 땀 흘려 노력하려는 의욕이 줄어들게 마련이다. 자본주의 사회가 이만큼 풍요를 구가하게 된 것은 땀 흘려 일하는 만큼 많이 누리며 살 수 있다는 확신을 주었기 때문이다. 그러므로 열심히 일해 번 돈 중에서 '필요한 만큼'만 자신과 가족을 위해 사용하고 나머지는 이웃을 위해 나눠야 한다는 주장은 맥빠진 사회를 만들자는 주장으로 의심받을 수 있다.

그러나 내 뜻은 모두가 그렇게 살도록 강요하자는 것이 아니다. 그것은 공산주의를 하자는 말과 같은데, 나는 공산주의자가 아니다. 내가 하고자 하는 말은, 예수 그리스도의 제자가 되어 성령의 능력으로 새 사람이 되었다면 그런 삶을 열망하고 추구해야 한다는 말이다. 성령께서 우리 안에 거하시면 이기적 욕망은 점차 줄어들고 성령의 거룩한 열정이 타오른다. 자신만 생각하던 태도를 벗어나 이웃을 생각하게 된다. 육욕을 채우는 것을 즐거워하던 우리가 영적 열망을 추구한다. 나와 내 가족이 잘 되는 것으로 만족하던 우리가 이웃과 모든 생명의 행복을 위해 노력하게 된다. 이렇게 변화된다면 우리는 경제적으로 검소하고 담백하게 살며 다른 사람들과 함께 나누기를 기꺼이 힘쓸 것이다.

사람들은 보통 '내가 일해서 남 좋은 일 시키는 것'을 못마땅해한다. 하지만 거듭난 사람들은 오히려 그것을 적극적으로 추구하고 더 보람되게 생각한다. 땀 흘려 일해서 나 혼자 먹고사는 것으로 끝나는 삶이 얼마나 무의미한지, 생각 있는 사람이면 다 안다. 그래서 다석 유영모는 "인간은 먹기 위해 사는 것이 아니라 살기 위해 먹는 것이다"라고 잘라 말했다. '먹기 위해 사는 것'은 자기 한 몸 보전하고 자신의 영달만을 위해 사는 것을 의미한다. 반면, '살기 위해 먹는 것'은 참된 삶이 무엇인지 깨닫고 그것을 위해 살아가는 것이다. 진정한 삶의 기쁨은 내가 노력함으로써 다른 사람들이 기뻐할 때 얻을 수 있다. 이런 기쁨을 추구하는 사람이 성숙한 사람이다.

알버트 슈바이처가 대학 시절 대학가 주변 빈민들의 생활을 보고, 자신의 안락한 생활에 대해 가책을 느끼고 인류의 행복을 위해 헌신하겠다고 결심한 것은 결코 감상주의가 아니다.[1] 그것은 성숙한 영성의 결과다. 성숙한 그리스도인이라면 자신에게 주어진 것을 마음껏 누리려고 하기보다 그것에 대해 책임감을 느끼고 충실한 청지기의 소임을 다하려고 노력한다. 자신의 소유로 다른 사람들을 보살피는 일에서 행복을 발견한다.

나 자신만을 위하는 삶은 쾌락(pleasure)을 증가시키지만 하나님과 이웃을 위한 봉사는 기쁨(joy)을 증가시킨다. 에리히 프롬(Erich Fromm)은 「소유냐 존재냐?」(*To Have or To Be*)에서 쾌락을 소유적 감정으로, 기쁨을 존재적 감정으로 각각 정의한다. 쾌락은 인간성을 파괴시키고 더 큰 욕구를 불러일으키지만, 기쁨은 인간성을 순화시키고 치유하며 온전하게 한다. 기쁨을 느끼면 작은 것에도 만족하지만 더 충만한 기쁨을 위해 노력하게 된다. 거듭난 사람은 존재적 감정인 기쁨을 추구한다.

이런 사람은 자신의 노동의 대가로 다른 사람이 행복해지는 것을 큰 기쁨으로 여긴다. 이런 사람에게 나눔의 윤리는 노동 욕구를 저하시키는 것이 아니라 오히려 강화시킨다. 과거와는 다른 활력으로 일하며, 과거와는 다른 기쁨과 보람을 얻는다. 사랑으로 내 것을 나누는 기쁨은 받는 기쁨보다 더 큰 법이다. 받는 사람을 비굴하게 만들어 지배하려는 값싼 동정심을 말하는 것이 아니다. 주는 사람이나 받는 사람이나 모두 기쁨으로 살아가는 것이다. 열심히 일하는 과정도 기쁘고, 그 결실을 받아 안을 때도 기쁘고, 그것을 함께 나눌 때도 기쁘다.

소비는 미덕인가?

자본주의가 부지불식간에 말려든 올무가 있다면 무한한 소비 체제다. 막스 베버가 잘 지적했듯 미국식 자본주의를 발흥시킨 것은 청교도들의 근검 절약 정신이었다. 그것이 미국 자본주의의 밑천이었다. 그런데 그 밑천으로 경제가 발전하자 문제가 생겼다. 근검 절약 정신 때문에, 만들어 놓은 상품이 창고에 쌓이고 돈이 돌지 않게 된 것이다. 그로 인해 경기가 다시 침체되었다. 이 문제를 해결하기 위해 기업가와 정치가들은 소비 촉진 정책을 택했다. 굳이 필요 없는 물품을 꼭 필요한 것처럼 세뇌시키는 마케팅 전략이 개발되었고, 모델을 주기적으로 바꿈으로써 소비자의 구매 욕구를 자극했다. 이러한 노력으로 소비자들이 쓰지 않아도 될 돈을 사용하기 시작하면서 경제는 다시 일어섰다. 이것이 미국의 역사학자 윌리엄 리치(William Leach)가 지적한 사실이다.[2] 이렇게 하여 경제는 다시 일어났지만 큰 값을 치러야 했다. 그 악순환의 바퀴를 멈출 방법이 없었던 것이다.

이 끝없는 '소비의 경제학'이 이미 그 마각을 드러내고 있다. 인간성의 타락은 차치하고라도, 환경 파괴는 위험 수준을 넘어섰다. 이 같은 위험 신호가 여러 곳에서 깜빡이고 있음에도 불구하고 자본주의를 표방한 국가들은 소비를 줄이려 하지 않는다. '소비가 미덕이다'라는 말이 아직도 경제적 진리로 통용되고 있다. 이 거대한 바퀴를 멈추지 않으면 자본주의는 인류에게 큰 재앙을 안겨 줄 것이 분명하다.

이처럼 소비를 미덕으로 여기는 체제에서는 내가 제안한 삶의 방법 즉 '욕망'이 아니라 '필요'에 따라 돈을 사용하는 검소한 생활 방법이 경제를 침체시킨다는 비판을 받을 수 있다. 일본 경제 침체의 주요 요인 중 하나가 일본인들의 지독한 검약 정신과 저축 정신이라고 한다. 이 정신이 바뀌지 않는 한 일본 경제는 만성적인 불경기에 시달릴 수밖에 없다고 한다. 만일 내가 씀씀이를 줄여 모은 돈을 은행에 쌓아 두자고 제안했다면, 이 제안은 일본식의 만성적인 경기 침체를 자극한다고 비판받을 수 있다.

하지만 내가 제안하는 성경적 경제 윤리는 단순히 적게 쓰고 나머지는 은행에 쌓아 두자는 것이 아니다. 가족과 자신을 위한 씀씀이를 적절한 정도에서 제한하고 나머지는 단기적으로 혹은 장기적으로 이웃과 나누자는 것이다. 내가 벌었으니 마음껏 누려도 된다는 것이 아니라 되도록 많은 사람들이 함께 행복하도록 내 소유를 사용하자는 것이다. 이렇게 되면 경제는 건강하게 활성화될 수 있다. 로날드 사이더도 똑같이 지적한다.³⁾ 그는 절약한 돈이 은행에 고여 있거나 개인 금고에 잠자고 있으면 경제가 침체되지만, 가난한 사람들에게 주면 꼭 필요한 물품의 생산이 촉진되고 경제는 건강을 되찾게 된다고 말한다.

경제적 바벨탑

부유한 사람들이 남는 돈으로 더 좋은 차, 더 좋은 옷, 더 좋은 음식을 찾다 보면 이 사회는 사치품 생산에 주력하게 되어 건강을 잃어버린다. 제조업자들은 이윤을 높이기 위해 더욱 사치스런 물건을 만들어 낼 것이다. 사치품일수록 이윤이 많이 남기 때문에 상인들은 그 사업에 몰릴 수밖에 없다. 이로 인해 환경은 파괴되고 자원은 고갈되며 인간성은 더욱 타락한다. 사치품일수록 자원 낭비와 환경 파괴는 더욱 심각하기 때문이다. 모피나 고급 가구 혹은 귀금속의 생산 과정을 생각해 보면 알 수 있다.

반면, 부자들이 적정한 정도에서 소비를 제한하고 나머지를 가난한 사람들이 사용할 수 있도록 하면 사치품 생산은 줄어들고 생필품 생산이 늘어난다. 많은 경우, 생필품은 자원을 고갈시키기보다는 개발시키고, 환경을 파괴시키기보다는 이로움을 준다. 상인들은 정도 이상의 이윤을 위해 일하지 않게 될 것이다. 결국 이러한 변화는 경제를 건강하게 활성화시키는 동시에 자원과 환경 문제를 어느 정도 해결해 줄 것이다.

소비 경제 체제에 있으니 함께 소비하자는 태도, 경쟁 체제에 있으니 열심히 노력해서 이기고 보자는 태도, 빈부의 격차가 엄연히 존재하니 부자가 되기 위해 노력하자는 태도, 사유 재산 체제에 있으니 할 수 있는 대로 모아 보자는 태도는 '이 땅에 사는 하늘 나라의 시민'에게는 어울리지 않는다. 소비 경제 체제에 살지만 단순한 삶을 택하고, 경쟁 체제 안에서 함께 가기를 택하고, 빈부 격차를 해소하기 위해 나누기를 힘쓰고, 사유 재산 체제에 살지만 공유하며 살아가려는 태도가 복음적이요, 성경적이다.

그리스도인들은 이러한 삶의 태도로 부름받았다. 그것이 완전하게 이루어질 날은 아직 오지 않았지만, 그 날이 올 때까지 우리는 성령께서 주시는 능력으로 이 삶을 살아가야 한다. 경쟁, 사유, 소비, 축적 등이 미덕으로 인정되고 있는 이 사회에서 그리스도인들은 이방인이 되어야 한다. 이방인답게 사는 사람들이 많아질 때 우리 사회는 좀더 정의롭고 건강해질 것이다. 이것이 우리의 과제요 소망이다. 다음은 사이더의 말이다.

우리는 풍족한 삶을 재정의해야만 한다. '충분함의 신학'을 개발해야 한다. 우리는 잠언 23:4의 말씀이 영혼에 깊이 스며들 때까지 묵상해야 한다. "부자 되기에 애쓰지 말고 네 사사로운 지혜를 버릴지어다." 우리는 더 검소한 생활 양식, 사람들이 수입과 이득을 최대화하기보다는 자녀 양육, 여가, 공동체 봉사를 선택하도록 허용하는 기업 정책 그리고 과소비를 저지하는 거시 경제 정책 및 광고 관행을 개발해야 한다. 무제한적인

11. 행복: 소유가 아니라 존재요 관계다

경제 성장은 성경적 목표가 아니라 경제적 바벨탑이다.[4]

현대인은 소비에서 행복을 찾고 있다. '돈 쓰는 재미'처럼 좋은 것이 없다고들 한다. 돈 쓰는 재미는 꼭 필요한 것을 얻는 데서 생기는 기쁨이 아니다. 욕망을 채우는 데서 오는 즐거움이다. 프롬의 정의에 의하면 그것은 '기쁨'이라는 표현에 적합하지 않다. '쾌락'에 속한다. 한 순간 기분이 좋지만 이내 더 큰 갈증이 나게 하는 악한 감정이다. 이것을 행복으로 오인하여 할 수 있는 한 많은 돈을 모으려 하고 욕망에 이끌리는 대로 마음껏 쓰고 싶어한다.

현재의 눈먼 소비주의는 경제적 바벨탑일 뿐 아니라 인성(人性)의 심각한 질병이다. 신앙 안에서 우리는 타락한 욕망을 치유받고 하나님의 거룩한 성품에 참여하도록 변화된다. 이렇게 변화되면 더 이상 욕심대로 돈 쓰는 재미에 이끌리지 않는다. 그에게는 하나님의 뜻을 살피고 이루는 것이 가장 큰 기쁨이다. 가난하고 병든 사람들에 대한 하나님의 아픔을 살펴 그들을 돌보는 데서 기쁨을 느낀다. 물질을 주신 하나님의 뜻을 살펴 그분의 뜻대로 사용하기 위해 절제하고 절약한다. 세상은 '누릴 것은 누릴 줄도 알라'고 말하지만, 누리는 기쁨보다 절제하고 절약하는 데서 더 큰 기쁨을 느낀다. 절약하여 저축액이 불어나는 데서 기쁨을 느끼는 것이 아니라 단순하고 검소한 삶 자체에서 기쁨을 느끼며 또한 절약한 것을 나누는 데서 기쁨을 느낀다.

하나님이 우리에게 주시는 진정한 복은 하나님과의 관계에 있으므로, 우리가 느낄 수 있는 가장 높은 차원의 행복도 하나님과의 관계에 있다. 하나님과의 관계가 제대로 설정되면 물질적인 복은 있으나 없으나 별 차이가 없다. 없어도 있는 것처럼, 있어도 없는 것처럼 살 수 있다. 하나님과의 깊은 사귐 안에서 그분의 소명을 이루어 가는 사람에게 물질적인 문제는 부차적인 관심일 뿐이다. 그는 '소비'가 아니라 '절제'에서, '축재'가 아니라 '나눔'에서, '풍요'가 아니라 '가난'에서 기쁨을 찾기 때문이다.

이것이 바울이 말한 '자족의 비결'이다. "나는 비천에 처할 줄도 알고 풍부에 처할 줄도 알아 모든 일 곧 배부름과 배고픔과 풍부와 궁핍에도 처할 줄 아는 일체의 비결을 배웠노라"(빌 4:12)는 말은 '있으면 있는 대로 누렸고 없으면 없는 대로 살았다'는 뜻이 아니다. 그는 배부름과 풍부에 처한 적도 별로 없지만, 그가 말하는 '풍부에 처하는 비결'은 마음껏 먹고 즐기는 비결이 아니라 욕망을 통제하여 정도 이상을 즐기지 않는 비결을 가리킨다. 궁핍에 처하여도 짓눌리지 않고 풍부에 처하여도 방종하지 않았다는 뜻이다. 어떻게 그럴 수 있었나? 다음 절(13절)이 대답한다. "내게 능력 주시는 자 안에서 내가 모든 것을 할 수 있느니라."

이 말씀은 흔히 오해하듯 주님의 능력을 입으면 무슨 일이라도 할 수 있다는 뜻이 아니다. 13절은 12절의 연속이다. 따라서 이 말씀은 주님이 주시는 능력으로 궁핍에 짓눌리지 않을 수 있었고 풍부에 처하여도 방종에 빠지지 않을 수 있었다는 고백이다. 주님이 주시는 능력으로 욕망의 문제를 해결했기 때문에 이것이 가능했다. 바울은 자신을 그렇게 만들어 주신 은혜로 인해 기뻐했고, 그렇게 살아가는 삶에서 행복을 느꼈다. 인간적으로 가장 고통스러웠을 감옥에서 바울은 가장 큰 기쁨에 겨워 이 편지를 쓰고 있다. 이것은 '돈 쓰는 재미'만 아는 사람은 상상할 수 없는 행복의 비밀이다.

11. 행복: 소유가 아니라 존재요 관계다

토론을 위하여

돈 쓰는 재미와 나누는 기쁨, 육체적 포만감과 자기를 비움으로 얻는 느낌, 그리고 소비의 즐거움과 절약의 기쁨을 비교해 보라. 각각의 차이점들을 생각나는 대로 나열해 보고 각각 인생에 어떤 유익과 해가 있는지 따져 보라.

성찰을 위하여

지금 당신의 행복도는 얼마나 되는가? 높다면, 그 행복의 원인들을 따져 보라. 어디에 그 감정의 근원이 있는가? 그것에서 행복을 느끼는 것이 바람직한가? 행복도가 낮다면, 이유는 무엇인가? 당신은 어디에서 행복감을 찾아 왔는가? 당신의 행복 추구에서 잘못된 것은 없는가?

더 읽을 책

리처드 포스터, 「심플라이프」(규장).

제4부

하나님의 의를 이루는 섬김

우리 주님은 모든 종류의 직업을 인간에게 주셨다.
그래서 우리는 모든 종류의 직업 현장에서
자신의 의무를 다함으로 거룩함에 이른 사람들을 보게 된다.
- 앤서니 메리 클라레트(Anthony Mary Claret)

예수님에게 있어
하나님께 대한 섬김과
가장 작은 형제에 대한 섬김은
같은 것이었다.
- 디트리히 본회퍼(Dietrich Bonhoeffer)

오, 사랑의 주님
날마다 저는 이 세 가지만 기도합니다.
주님을 더 분명히 보게 하소서.
주님을 더 간절히 사랑하게 하소서.
주님을 더 가까이 따르게 하소서.
날마다.
- 치체스터의 리처드(Richard of Chichester)

12
직업: 모든 직업은 성직이다

> 그대가 일의 대가보다 일 자체를 가장 중요하게 받아들인다면 창조주인 신을 그대의 주인으로 삼은 것이다. 그러나 일 자체보다 그 일로 받는 보수를 제일로 친다면 그대는 돈을 주인으로 삼은 것이다. 그리하여 돈의 노예가 된 그대의 영혼은 추악한 악마의 소굴이 되고 마는 것이다.
> ―존 러스킨(John Ruskin)

무엇이 목적인가?

돈에 대해 말하다 보면 마치 노동의 목적도 돈을 많이 버는 것인 듯이 논리가 전개되는 경우가 많다. 돈을 많이 버는 것이 인생의 성공인 것처럼 말한다. 노동의 가치보다 노동의 결과로 얻는 수입에 더 관심을 둔다. 이것은 자본주의의 병폐 중 하나다. 칼 마르크스가 지적한 것처럼, 인간은 자신의 노동이 단순히 교환가치(돈)로만 평가될 때 예외 없이 소외감을 느끼고 삶의 무의미성에 빠지게 된다. 성숙한 신앙인이라면 이러한 선동에 속지 말고 노동의 참된 가치를 확인하고 그 가치를 위해 일해야 한다.

우리 그리스도인은 돈이 아니라 하나님 나라와 의를 구하고 있다고, 돈 버는 것이 목적이 아니라 하나님의 영광을 위해 일하고 있다고 말한다. 하지만 알고 보면 많은 사람들이 부에 이르는 왕도(王道) 혹은 하나님으로부터 물질적인 복을 얻어 내는 가장 확실한 방법으로서 하나님 나라와 의를 구한다. 결국 하나님의 의를 이루는 삶은 물질적인 부를 이루기 위한 수단이 되어 버리고, 인생의 진정한 목적은 많은 돈을 벌어 풍요를 누리는 데로 옮겨간다.

예수님은 "먼저 그의 나라와 그의 의를 구하라"(마 6:33)는 말씀을 물질적으로 풍요로운 삶에 이르는 왕도로 제시하시지 않았다. 그분은 궁극적 목적을 하나님 나라와 의를 이루는 일에 두라고 가르치셨다. 먹고 마시는 것은 하나님께 맡기고 그분의 뜻을 이루는 일에 전념하라는 말씀이다. 잘 먹고 잘 살기 위한 전략으로서 하나님의 뜻을 추구하라는 말이 아니다. 크레이빌은 이 해석이 복음의 요청을 피하기 위해 이용되는 여러 우회로 중 하나라고 지적한다. 그는 "이 말씀(마 6:33)은 하나님 나라를 통해서 부자가 되는 방법을 말하고 있는 것이 아니다"라고 단언한다.[1] 뿐만 아니라 "부자가 되기 위해서 하나님 나라를 구한다는 것은 하나님 나라의 핵심을 왜곡하는 것이다"[2]라고 말한다. 예수님은 먹고사는 문제를 초월하여 하나님의 뜻에 헌신하라고 말씀하신다.

노동의 세 가지 의미

직업을 돈 버는 수단으로 평가 절하하는 것은 성경적으로 심각한 왜곡이다. 돈은 노동의 결과로 하나님이 주시는 부수적 대가일 뿐이다. 노동에는 그 이상의 고귀한 의미가 있다. 인간은 노동에서 돈으로 환산할 수 없는 가치를 발견해야 한다. 그럴 때 자신의 인생의 의미를 확인할 수 있다. 앤서니 드 멜로(Anthony de Mello)의 우화 중에 이런 것이 있다.

12. 직업: 모든 직업은 성직이다

어떤 사람이 실험을 위해 일꾼 한 사람을 고용했다. 그는 일꾼에게 도끼를 주고 뒤뜰로 데리고 가서 이렇게 말했다.

"저기 통나무 보이죠? 당신이 저 통나무를 쪼개는 것을 내가 관찰할 거요. 그러니 통나무가 다 없어질 때까지 쪼개시오. 단, 도끼의 날로 치지 말고 머리 쪽으로 치시오. 한 시간에 100달러를 주겠소."

그 일꾼은 도끼머리로 통나무를 쪼갠다는 것이 어리석은 일처럼 보였지만 벌이가 좋았기 때문에 승낙했다. 그러나 두 시간쯤 지나자 그는 그만 하겠다고 말했다. 그를 고용한 사람이 물었다.

"무슨 일입니까? 임금이 너무 적습니까? 두 배로 올려 드리겠습니다."

일꾼은 이렇게 대답했다.

"아닙니다. 임금은 좋습니다. 하지만 도끼로 내려칠 때 나무 조각이 튀는 것을 보지 못하니 일할 맛이 나지 않습니다."[3]

노동의 보람은 결코 금전적 대가로 채워질 수 없음을 잘 보여주는 이야기다. 노동 자체에서 보람을 느끼지 않으면 인간은 노동으로부터 소외된다. 그것이 노동을 고달프게 만든다. 노동 자체가 목적이 될 때에야 노동은 축복이 된다.

독일 신학자 도로테 죌레(Dorothee Soelle)는 노동의 세 가지 의미를 적시한 바 있다.[4] 첫째, 그것은 자기 표현의 의미다. 하나님은 인간에게 자기 완성에 대한 열망을 주셨다. 인간은 노동을 통해 이 열망을 표현함으로 자기를 완성해 가도록 지어졌다. 이 과정은 인간에게는 자기 완성이요, 하나님께는 창조 사역의 진행이다. 쵤레는, 노동이 무엇을 얻기 위한 수단이 아니라 그것 자체로서 목적이 되어야 한다고 단언한다. 야곱은 14년 동안 고통을 참고 노동을 하여 사랑하는 아내를 얻을 수 있었지만, 그 과정에서 그는 노동으로부터의 소외감과 무의미성에 시달렸을 것이다. 노동이 아내를 얻기 위한 수단에 불과했기 때문이다. 그러면 노동은 고역이 되어 버린다. 그는 다만 사랑하는 아내를 얻을 수 있다는 목표 때문에 그 고역을 견딜 수 있었다.

둘째, 쵤레에 의하면 노동은 인간의 사회적 관계성을 성취시킨다. '사회적 동물'인 인간은 이웃과 함께 살 때 인생의 의미를 발견할 수 있다. 인간은 노동을 통해 다른 사람과 관계를 맺고 그 안에서 자신의 존재 의미를 발견한다. 화가가 작업실에서 홀로 창작에 몰두하고 있다 해도 깊은 차원에서 그는 이웃과의 관계 안에 있는 것이다. 돈을 벌기 위해 하는 노동은 필연적으로 이웃과의 관계를 단절시키고 소외시킨다. 이런 각도에서 세계 은행(World Bank)의 경제 자문역 허만 댈리(Herman E. Daly)와 신학자 존 캅(John B. Cobb, Jr.)은 「공동선을 위하여」라는 공동 저서에서 '절대 개인'주의로부터 '공동체 안의 개인'주의(person-in-community)로의 패러다임 전환이 일어나야 한다고 제안한다. 그들은 두 패러다임의 차이를 다음과 같이 요약한다.

> 새로운 모델에서 중요한 것—옛 모델에 없는 것—은 공동체 전체의 행복이 각 개인의 행복에 필수적 조건임을 인정하는 것이다. 그것은 각 개인이 다른 사람과의 관계 안에 있기 때문이며, 어떤 관계를 가지느냐의 문제는 어떤 물건을 소유하고 있느냐의 문제와 동등한 중요성을 가지기 때문이다. 이 관

계는 시장에서 돈으로 살 수 없다. 그럼에도 불구하고 이 관계는 시장의 영향을 받는데, 일단 시장이 공동체의 관리를 벗어나면 그 결과는 언제나 파괴적이다. 따라서 '공동체 안의 개인'주의는 개인들에 대한 물질적 공급을 요청할 뿐 아니라 공동체를 형성하는 개인적 관계를 도울 수 있는 경제 질서를 요청한다.[5]

셋째, 횔레는 노동을 통해 인간은 자연과 화해할 수 있다고 지적한다. 건강한 노동은 하나님의 창조 활동에 참여하는 것이며, 이로써 인간은 하나님의 다른 피조물을 위해 봉사하는 영예를 얻는다. 오랫동안 기독교 세계는 "땅을 정복하라"거나 "모든 생물을 다스리라"(창 1:28)는 말씀을 잘못 해석하여 자연을 착취하고 훼손시켜 왔다. 이제 그리스도인들은 이 죄를 회개하고 하나님의 아름다운 세계를 위해 봉사해야 한다. 인간의 노동은 이 목적을 위해 재편되고 조정되어야 한다.

노동은 저주가 아니다

노동은 하나님이 인간에게 내리신 저주가 아니다. 기독교 역사는 아담에 대한 심판의 말씀(창 3:14-21)을 잘못 이해하여 노동을 저주로 해석하고 '놀고 먹는 세상'을 이상향으로 여기는 잘못을 범해 왔다. 이것은 오해다. 하나님은 쉬지 않고 일하시는 '영원한 노동자'시다.[6] 예수님도 자신을 '일하는 사람'으로 규정하셨다(요 5:17). 그러므로 하나님의 자녀요 예수님의 제자인 우리 역시 일해야 한다. 아담은 저주받아 노동하게 된 것이 아니라 죄로 인해 '수고로운' 노동의 짐을 진 것이다. 우리가 구원받아 돌아갈 세상은 놀고 먹는 세상이 아니라 일하되 수고로움이 없는 세상, 일을 통해 생명력으로 충전되고 인생의 의미를 확인하는 세상이다.

우리는 예수님 안에서 구원받았다. 구원의 열매들은 우리가 죽을 때까지 천국 창고에 보관되어 있다가 죽고 나서야 우리에게 주어지는 것이 아니다. 하나님의 영이 인도하시는 대로 살아가는 사람은 이 땅에서 그 열매를 즐기며 산다. 완전하지는 않지만 천국의 삶이 어떤 것인지를 이 땅에서 미리 경험하며 산다. 이 진리는 노동에서도 마찬가지다. 구원은 영적인 영역에만 국한되지 않는다. 성령의 인도에 따라 사는 사람들은 새로운 태도로 노동에 임한다. 그 노동은 돈 버는 도구도 아니고 벗어나야 할 저주도 아니다. 그것은 하나님의 영광스러운 부르심이다. 하나님의 뜻을 이루는 것이 일의 목적이다. 그것이 하나님 나라와 의를 구하는 것이다."

이렇게 일할 때, 우리는 노동에서 신선한 기쁨을 얻는다. 생명을 고갈시키고 소진시키는 것이 아니라 오히려 생명력을 충전시킨다. 앞에서 인용한 췰레는 이 현상을 다음과 같이 명쾌하게 설명한다.

좋은 노동에 몰입할 때 우리는 시간과 공간을 잊는다. 심지어 배고픔과 갈증도 잊는다. 좋은 일에 몰두할 때 우리의 '태생적 이기성'은 사라지고 그 대신 우리 내면에 있는 신적 자아가 자유함을 얻는다. 자기 중심적 본능과 잠재성을 억압하고 있던 분열된 자아에 의해 더 이상 구속받지 않는 우리의 에너지는 자유롭게 그리고 창조적으로 흘러나온다. 좋은 일은 우리 안

에 있는 신적인 요소를 불러일으키며, 이로써 우리는 창조성과 관계성의 원천을 새롭게 발견한다.[8]

여기서 말하는 '좋은 일'은 교회 일이나 선교 활동만을 가리키지 않는다. 우리가 행하는 모든 일이 '좋은 일'이 될 수 있다. 그 일을 통해 하나님의 영광을 높이고 이웃을 위해 봉사하며 하나님의 창조 세계를 도울 수 있다면, 어떤 일이든 좋은 일이다. 예수 그리스도는 우리의 노동까지 구속해 주신 분이다.[9]

업무 시간을 구속하라

이 점에서 우리는 직업의 의미를 다시 생각해 볼 필요가 있다. 직업은 우리에게 지속적으로 헌신할 노동의 기회를 제공함으로써 인생의 의미를 실현하고 이웃과 관계 맺으며 하나님의 창조 사역에 참여하게 한다.

기니스는 소명으로서의 직업에 대한 인식이 어떻게 왜곡되어 왔는지를 잘 설명하고 있다. 현대인의 삶을 사막화하는 가장 큰 문제가 소명 의식의 상실이라고 진단하는 그는 오늘날 직업은 단순히 '일'(job)에 불과하며, "소명은 이제 수입은 적지만 희생을 감수하는 일꾼(간호사와 같은), 종교인(선교사와 같은), 좀더 실제적인 일을 하는 사람들을 고상하게 일컫는 말"[10]로 전락했다고 지적한다. 현대 서구 사회는 직업을 세속화시킴으로써 그 노동에 담긴 거룩한 의미를 축소시키고 밥벌이 수단으로 만들어 버렸다. 이 점은 우리나라도 마찬가지다.

얼마 전, 나는 헨리 나우웬이 섬겼던 토론토 '라르쉬 공동체'를 방문했다가 인상 깊은 광경을 목격했다. 아담하고 아름다운 예배당에서 한 피아니스트가 연주를 하는데, 그 옆에 뇌성마비 장애인 한 사람이 휠체어에 기대어 감상하고 있었다. 그 솜씨는 보통 사람이 들어도 뛰어난 전문 연주가임을 짐작하기에 충분했다. 그 정도의 전문 연주가라면 웬만한 무대가 아니면 피아노 앞에 앉지 않을 것이고 만족스러운 개런티가 약속되지 않고는 연주하지 않으려 할 것이다. 그것이 자본주의 사회의 관례다. 그런데 그는 한 사람의 장애인 앞에서 전심으로 연주하고 있었다. 아무 대가를 요구하지 않고 자신의 음악이 필요한 한 사람을 위해 자신의 은사를 사용하고 있었다. 나는 그 사람이야말로 '진정한 프로'라고 느꼈으며 거룩한 노동이 어떤 것인지를 목격했다. 세속에서 성인의 삶을 살고 있는 한 사람을 만났던 것이다.

노동의 거룩함은 이런 것이다. 돈 몇 푼에 은사와 생명을 팔아서는 안 된다. 우리가 일터에서 하나님을 몰아내고 그 자리에 명예나 권력 혹은 돈을 끌어들이면 그 피해는 우리 자신이 가장 먼저 그리고 가장 크게 입는다. 노동을 통해 자아 실현의 충만한 경험을 하지 못하고 그 공허감을 월급 액수나 직장 밖에서의 활동(봉사, 취미 혹은 유흥)으로 채우려 한다. 그것은 '타는 갈증에 물 한 방울'처럼 해결책이 될 수 없다.

뉴욕 시내를 걸어가다가 "당신은 배우자와 함께 보내는 시간보다 훨씬 더 많은 시간을 직장에서 보낸다"는 구직 센터 광고 문안을 본 적이 있다. 사실이다. 대부분의 현대인들은 직장에서 가장 많은 시간을 보내고 가장 많은 에너지를 소모한다. 그러므로 현대인의 삶의 질을 높이고 참된 행복을 얻으려면 가장 먼저 직업에 대한 새로운 인식이 필요하다. 새로운 소명 의식으로 이 시간을 구속한다면 삶의 질은 놀랄 만큼 달라질 것이다. 반면 그 시간을 밥벌이를 위해 어쩔 수 없이 견뎌야 하는 것으로 생각한다면 공허감은 갈수록 깊어질 것이다. 이런 사람일수록 교회 일에 병적으로 매달린다. 그런 교인은 교회에 유익보다는 손해를 더 많이 끼친다. 헌신의 목적이 하나님께 영광 돌리는 데 있지 않고 자신의 공허감을 채우는 데 있기 때문이다.

무엇을 위해 축복할 것인가?

목회자는 교인들에게 꾸준히 복음적 소명 의식을 고취시켜야 한다. 목회자가 교회에 제사장으로 임명되고 파견되었다면, 그리스도인 각자는 그의 직장에 제사장으로 임명되고 파견되었다. 그가 파견된 목적은 돈을 많이 벌어 선교 사업에 사용하라는 것이 아니다. 직장에서 하는 일을 통해 하나님을 영화롭게 하고 이웃을 섬기라는 것이다. 그러므로 모든 직업은 거의 예외 없이 본질적 의미에서 성직이다. '썩어빠질 세상 일'(많은 그리스도인들이 자신의 직업을 이렇게 폄하한다)이 아니라 '영원하고 거룩한 산 제사'(롬 12:1)를 드리는 일이다.

나는 경제적으로 궁핍한 형제 자매들을 위해 중보하면서 속히 그 상황을 벗어날 수 있게 해 달라고 혹은 그 상황을 잘 견딤으로 견고한 믿음에 이르게 해 달라고 기도한다. 하지만 경제적으로 큰 어려움이 없는 사람들을 위해서는 돈을 더 벌게 해 달라거나 더 풍요롭게 살게 해 달라고 기도하지 않는다. 그것이 그 사람에게 도움이 되는지를 내가 알지 못할 뿐 아니라, 하나님이 알아서 하시리라고 믿기 때문이다. 단지 그 사람이 자신의 직업을 통해 충만한 보람을 느끼고 신나게 살아가기를 기도할 뿐이다.

나는 내 자녀들이 돈을 목적으로 살지 않기를 바란다. 그들이 직업을 선택할 때 연봉을 제일 나중에 고려하기를 원한다. 때로는 연봉이 낮더라도 소명을 따라 어려운 결정을 할 수 있기 바란다. 내 자녀들이 주님의 요청대로 검소하고 소박하게 살면서 소명을 위해 헌신하기를 기도한다. 헐벗고 굶주리는 인류에 대한 책임을 숨이 다하는 순간까지 잊지 않기를 바란다. 그럴 때 나는 내 자녀들이 성공했다고 생각하고 기뻐할 것이다. 나 자신에 대해서도 이렇게 소망하고 기도하고 있다. 이것은 내 개인적인 기호가 아니라 복음의 요청이다.

토론을 위하여

백 번을 따져 보아도 신성한 노동으로 볼 수 없는 직업이 있다. 어떤 것이 그러한가? 그 이유는 무엇인가? 대부분의 직업이 성직이라는 것을 깨닫지 못하게 하는 사회적·개인적 요인은 무엇인가? 성직으로서 직업을 수행하는 데 가장 큰 난점은 무엇인가?

성찰을 위하여

당신이 그 동안 당신의 일에 대해 온 태도를 점검해 보라. 당신에게 맡겨진 그 일이 하나님의 소명이라는 믿음이 견고해질 때까지 이 문제를 붙들고 묵상하라. 그리고 소명으로서 그 일을 하려면 어떻게 해야 하는지, 구체적으로 생각하고 실행하라.

더 읽을 책

오스 기니스, 「소명」.
폴 마샬, 「천국만이 내 집은 아닙니다」(이상 IVP).

13
섬김: 군림이 아니라 섬기는 능력을 구한다

> 인류가 이익을 인간 발전의 제일의 동기로 삼고 경쟁을 경제의 최상 원리로 둠으로써 이 세상은 얼마나 참혹하게 되었는가?
> —헬더 카마라(Helder Camara)

실력 있는 것과 교만한 것

최근 기독교 서적에서 베스트셀러 목록에 오르는 책들을 보면 주제상의 몇 가지 일관된 흐름을 발견할 수 있다. 그 중 대표적인 것이 높은 비전을 품고 그것을 이루기 위해 도전하라는 것이다. 예수님이 '겸손하라', '낮아지라'고 말씀하신 것은 결코 실력이나 영향력에 관한 것이 아니라는 주장이다. 따라서 그리스도인들은 열심히 노력하여 높은 지위에 올라가야 하고, 부자가 되어야 하고, 필요하다면 권력도 가져야 한다고 강조한다. 그 영향력으로 하나님의 영광을 위해 일하겠다는 결심만 분명하다면 하나님은 그 노력을 반기시고 복을 주실 것이라는 것이다.

이 주장에는 어느 정도 일리가 있다. 나는 제자들에게 "목회자는 군림하는 사람이 아니라 섬기는 사람이다"라는 말을 자주 한다. 그런데 어떤 학생들은 이것을 잘못 알아듣는다. 아무런 영적 능력도 없이 교인들을 따라다니며 허드렛일이나 도와주는 것을 '섬김'으로 착각한다. 목회자는 교인들의 삶 전체에 관심을 가져야 하지만, 그렇다고 해서 늘 작업복을 입고 교인들의 이삿짐을 따라다녀야 하는 것은 아니다. 목회자가 '섬기는 자'라는 말은 목회자로서의 능력과 권세를 교인들의 행복을 위해 사용해야 한다는 뜻이다. 진정으로 잘 섬기기 위해서는 영적 능력과 권세가 있어야 한다. 목사로서 갖추어야 할 전문적 실력이 있어야 한다.[1]

이것은 직장인에게도 마찬가지다. 앞에서 말한 대로 그리스도인은 자신의 직장에 제사장으로 임명되었다. 목회자가 섬기는 제사장으로서 교회에 임명되었듯, 교사는 섬기는 제사장으로 학교에 임명되었고, 비서는 섬기는 제사장으로 그 자리에 임명되었다. 그러므로 그리스도인은 맡은 자리에서 잘 봉사하기 위해 그 자리가 요구하는 전문적 실력을 갖추어야 한다. 한 회사의 사장이 할 수 있는 가장 큰 봉사는 그 회사를 잘 키워 좋은 제품을 사회에 공급하고 사원들이 안정되게 살도록 돕는 것이다.[2]

최선의 봉사를 위해 훌륭한 실력을 갖추는 것은 그리스도인에게 매우 중요한 덕목이다. 불행하게도 과거 수십 년 동안 한국 교회는 교회 봉사만을 강조해 왔다. 열심히 노력하여 전문적 자질을 키우는 것을 '세상 일'로 규정하고 부정적으로 가르친 교회들도 많다. 그 결과 오늘날 직업 현장에서 그리스도인들이 전문가적 탁월성을 발휘하는 예가 많지 않다. 목회자들은 그리스도인들을 교회에만 묶어 두려는 태도를 고쳐야 한다.

현대 사회는 갈수록 전문화되고 있다. 이 사회의 각 분야에서 그리스도인들이 탁월한 능력을 발휘해야 한다. 교회는 그것을 적극적으로 격려하고 지원해야 한다. 헌신된 그리스도인들이 교회로만 모이면 이 사회는 어떻게 되겠는가? 은혜받았다는 사람들이 모두 목사가 되겠다고 나서면 이 사회는 어떻게 되겠는가?

실력 있는 것과 높아지는 것

그러나 여기서 매우 조심할 것이 있다. 그렇게 키운 실력이 하나님께 영광 돌리고 이웃에게 봉사하는 섬김의 도구로 사용되지 않고 입신양명(立身揚名)의 도구로 오용될 수 있기 때문이다. 이것은 돈의 문제처럼 속기 쉽다. 선한 일을 위해 필요하다는 명분으로 돈을 추구하다 보면 그 돈의 마력 때문에 어느새 자신의 욕심을 채우는 데 마음을 쓰게 된다. 실력도 그와 같은 함정을 가지고 있다. 그것은 우리의 본성에 깊이 뿌리박은 권력에 대한 욕망 때문이다. 이 욕망이 우리를 넘어뜨린다. 리처드 포스터가 이 문제를 예리하게 지적한다.

> 사단은 지위와 영향력이라는 대단히 매력적인 환상으로 우리를 넘어뜨리려 한다. 우리는 영혼 깊은 곳에서 이런 환상들이 우리를 끌어당기는 것을 느낄 수가 있다. 사실 우리의 영혼 깊은 곳에는 최고로 중요한 사람, 가장 존경받는 인물, 제일의 영광을 차지하는 사람이 되고자 하는 욕망이 있기 때문이다. 우리는 재판관의 자리, 정상의 지위에서 카메라의 플래시를 받고 있는 환상에 젖어 있는 것이다. 우리는 "결국 이런 것들은 뛰어나고 싶어하는 욕망 외에는 아무것도 아니지 않는가?" 하고 깊이 생각해 보는 것이다.[3]

실력을 배양하는 것은 마땅히 해야 할 일이다. 하지만 그것이 높아지고자 하는 욕구를 채우는 데 사용된다면, 그 실력은 돈과 같이 인생을 파멸로 이끌 수 있다. 우리는 숨은 곳에서 헌신적 봉사를 하다가 매스컴에 노출되어 하루아침에 유명 인사로 '뜨는' 사람들을 자주 본다. 그들은 유명해지기 위해 일하지 않았지만, '뜨고' 나면 변질되는 경우가 많다. 이것은 권력 혹은 유명세에 우리가 얼마나 취약한지를 잘 보여 준다. 권력이나 명예를 인생의 목표로 삼는 것도 위험하지만, 예기치 않은 권력과 명예 역시 위험하다.

따라서 내가 좋아하고 잘 할 수 있는 일을 통해 좀더 잘 봉사하겠다는 자세를 분명히 해야 한다. 그렇게 하더라도 중도에 넘어지는 경우가 많은데, 무조건 더 높아지고 강해지기 위해 노력한다면 그 결과는 뻔하다. 부함과 강함과 높음과 뛰어남 자체를 목표로 설정하는 순간 우리는 사단에게 속아넘어간다. 강한 자, 부한 자의 특권을 누리고 싶은 욕망에 넘어진다. 거룩한 목적을 향한 듯하지만 실제로는 속된 야망을 위장하고 있는 것이다. 헨리 나우웬은 이 점을 명쾌하게 지적한다.

우리가 살고 있는 사회는, 우리가 가야 할 길은 위로 향하는 길이 되어야 한다고들 여러 가지 방법으로 얘기하고 있습니다. 정상에 오르는 것, 각광을 받는 것, 새 기록을 수립하는 것 등은 사람들의 주의를 끌고, 우리를 신문의 제1면 기사로 실리게 하며, 그리고 우리에게 돈과 명성의 대가를 가져다 줍니다.

예수님의 길은 이와 현저히 다릅니다. 그 길은 위로 향해 가는 길이 아니고, 아래로 향하는 길입니다. 그 길은 밑바닥에까지 내려가며, 무대 뒤에 머물고, 말석을 선택하는 것입니다! 왜 예수님의 길은 선택할 가치가 있는 것일까요? 그 길은 천국으로 가는 길이며, 예수님이 걸으셨던 길이며, 그리고 영원한 생명을 가져오는 길이기 때문입니다.[4]

예수님은 잘 섬기기 위해 전문가적 실력을 쌓는 일은 찬성하시지만 더 높아지고 강해지고 부해지기 위해 실력을 쌓는 일은 찬성하지 않으신다. 예수님은 우리가 사회적 지위와 권력을 추구하는 일에 마음 뺏기기를 원치 않으신다. 준비된 실력을 사용하여 봉사할 때 하나님은 그에 맞는 자리에 알아서 세워 주실 것이다. 그리스도인들이 중요한 자리에 들어가 하나님의 뜻을 이루는 것은 좋은 일이다. 하지만 그 자리에 이르기 위해 분투하는 것이 아니라, 맡은 자리에서 충성스럽게 일한 결과로써 하나님의 선물로 받아야 한다. 둘은 같은 것 같지만 실제로는 매우 다르다.

경쟁 사회의 이방인

우리 사회가 토마스 홉스가 말한 '만인의 만인에 대한 투쟁'의 현장이라는 사실을 부인할 수는 없지만, 그리스도인으로서 이 경쟁에 참여해 무조건 싸워 이기려 해서도 안 된다. 많은 사람들이, 그리스도인은 이 싸움에서 주님이 주시는 능력으로 겨루어 이겨야 한다고 생각한다. 하나님은 천국 열쇠를 우리에게 주셨으므로 하나님을 믿고 당당히 실력으로 겨루면 결국 승리할 것이라고 약속하는 사람도 있다. 실력으로 겨루어 이긴다면 그 승리로 얻은 전리품들을 소유하고 당당히 누릴 권리를 얻는 것이라고도 강조한다.

경쟁의 근본적인 원인은 다른 사람을 앞지르려는 욕망이다. 굳이 심리학자들의 분석을 인용하지 않더라도 이것이 인간의 근본적인 욕망이라는 사실은 분명하다. 루이스(C. S. Lewis)가 말했듯이, 사단의 시각에서 볼 때 인간이 "존재한다는 것은 곧 경쟁한다는 뜻"이다." 인간의 이기심 때문에 경쟁은 인간 실존의 근본 조건이 되어 버렸다. 프로이트에 의하면 이 경쟁심은 피를 나눈 가족 관계에서 가장 먼저 발생하며 그것을 잘못 다루면 정신 질환이 된다. 그것이 인간에게 그만큼 뿌리깊다는 뜻이다.

하지만 그리스도인들은 성령의 은혜 안에서 타락한 본성을 벗어 버리고 새로운 덕을 쌓아 가는 사람들이다. 그러므로 그리스도인들이 경쟁심을 당연한 것으로 인정하고 경쟁에 참여하는 것은 어울리지 않는다. 그것을 완전히 뿌리 뽑을 수는 없을지라도 그 본성을 제어하여 경쟁 체제 안에서 협력하고자 노력하는 것이 그리스도인의 자세다. 이 말은 그리스도인은 모든 시험을 거부해야 한다는 뜻이 아니다. 학생의 경우, 시험에 대한 경쟁적 태도를 협력적 태도로 바꾸라는 뜻이다. 즉, 남을 떨어뜨리고 내가 붙자는 의도가 아니라 자신의 실력을 확인하고 그에 합당한 자격을 얻고자 하라는 뜻이다. 이렇게 생각을 바꾸면 함께 응시하는 사람들을 경계하거나 적대시하지 않게 된다. 회사원의 경우, 승진을 아예 포기하라는 뜻이 아니라 경쟁에서 이기는 것을 목표로 삼지 말라는 뜻이다. 자신의 업무에 최선을 다함으로써 인정받고 승진해야지, 다른 사람을 적으로 생각하고 그를 넘어뜨리고 올라서려 해서는 안 된다는 뜻이다.

예수님은 제자들이 누가 높으냐는 문제로 다투는 것을 보시고 이렇게 말씀하셨다. "누구든지 첫째가 되고자 하면 뭇 사람의 끝이 되며 뭇 사람을 섬기는 자가 되어야 하리라"(막 9:35). 예수님이 높아지기 위한 전략을 말씀하고 있다고 생각하면 오해다. 예수님은 그런 위선을 경계하셨다. 이 말씀은 가장 낮은 자리에서 섬길 줄 아는 사람이 진정으로 큰 사람이라는 뜻이다. '첫째가 되고자 하는'이라는 말은 '진정으로 큰 사람은'이라는 뜻이다. 그런 다음 예수님은 어린아이를 품에 안으시고 또 말씀하신다.

누구든지 내 이름으로 이런 어린아이 하나를 영접하면 곧 나를 영접함이요 누구든지 나를 영접하면 나를 영접함이 아니요 나를 보내신 이를 영접함이라(막 9:37).

당시 어린이는 사람 취급을 받지 못하던 미천한 존재였다. 따라서 "어린아이 같은 사람을 영접하라"는 말씀은 낮고 천한 사람들을 찾아가라는 뜻이다. 그들에게 사람 대접을 해주고 함께 살아가는 것이 바로 주님을 섬기는 길이라는 뜻이다.

경쟁의 유익?

이렇게 말하면 다음과 같은 질문이 생길 수 있다. 첫째, 경쟁을 통해 이만큼 문명이 발전되어 왔다는 사실을 어떻게 할 것인가? 경쟁은 우리의 잠재력을 실현하는 계기가 되지 않는가? 그럼으로써 인간이 더욱 발전하는 것이 아닌가? 일견 그럴듯하지만 진실은 그렇지 않다.

앤서니 드 멜로가 남긴 이야기 하나를 생각해 보자.

스승이 경쟁의 해악을 설명하며 안타까워하자 제자가 물었다.

제자: "경쟁은 우리 안의 잠재성을 개발시키지 않습니까?"
스승: "아니다. 경쟁은 우리를 타락시킨다. 미움을 조장하기 때문이다."
제자: "무엇에 대한 미움이죠?"
스승: "먼저, 경쟁은 자기 자신에 대한 미움을 조장한다. 자기 자신의 필요와 한계 안에서 행동하지 않고 경쟁자를 이기기 위해 행동하다 보면 필경 자신이 미워진다. 둘째, 경쟁은 다른 사람을 미워하게 만든다. 그들을 넘어뜨리고 올라서려 하기 때문이다."
제자: "하지만 그것은 마치 변화와 진보를 포기하자는 말처럼 들립니다."
스승: "참된 진보란 한 가지다. 사랑의 진보! 참된 변화도 하나뿐이다. 마음의 변화!"[6]

경쟁이 인간의 능력을 개발시킨다는 말은 어느 정도 사실이지만, 그로 인한 폐해가 더 크다. 뿐만 아니라, 인간의 능력은 경쟁을 통해서만 개발되지 않는다. 에디슨이 경쟁심으로 그 많은 물건들을 발명해 냈는가? 미켈란젤로가 경쟁심으로 그 대작들을 남겼는가? 아인슈타인이나 스티븐 호킹의 업적은 어떤가? 아니다. 사실은 그 반대다. 놀랍게도 인류사에 큰 족적을 남긴 인물들은 성장 과정에서 경쟁에 실패한 인물들이었다. 그들은 일찌감치 경쟁에서 패배한 후 자신이 좋아하는 일에 몰두하여 놀라운 일을 이루어 냈다. 경쟁이 가장 심한 스포츠에서도 마찬가지다. 진정으로 위대한 선수는 자신의 경쟁자는 자기 자신임을 깨달은 사람들이다. 그들은 누구를 이기기 위해서가 아니라 자신의 한계에

도전하기 위해서 노력한다. 이럴 때 인간 정신은 경이로운 능력을 드러낸다.

둘째, '그것은 선행을 할 때나 교회 안에서 봉사할 때 해당하는 말이지 직업 현장에까지 적용할 수는 없다'고 반박할 사람이 있을지도 모른다. 그러나 분명히 하자. 예수님은 진리를 적용할 수 있는 영역과 적용할 수 없는 영역을 나누신 적이 없다. 경쟁심을 버리고 낮은 곳을 찾아가는 자세는 직업 현장에서도 적용되어야 한다. 그것은 패배 의식이 아니다. 공무원이 승진을 목표로 삼지 않고 봉사를 목적으로 최선을 다하는 것은 패배주의가 아니다. 회사원이 더 높아지는 일에 마음을 두지 않고 섬기는 일에 최선을 다하는 것도 패배주의가 아니다. 오히려 깊은 차원에서의 궁극적 승리를 믿는 사람만이 그렇게 행동할 수 있다. 이렇게 마음을 확고하게 정해도 때때로 경쟁심이 일어나고 시기심이 타오른다. 이럴 때마다 우리는 무릎을 꿇어야 한다. 경쟁심과 시기심에 붙들려 살면 인생을 망친다. 하나님의 뜻을 이루지 못하고 자신의 야망을 위해 인생을 소모시키고 만다.

2002년 노벨 평화상을 받은 지미 카터(Jimmy Carter)는 경쟁심과 시기심을 해결하기 위한 실제적인 처방을 두 가지 제시한다. 하나는 성공의 기준을 재검토하는 것이다. 세상에서 성공이라고 말하는 것이 아니라 예수님이 성공이라고 하는 것에 목표를 두는 것이다. 예수님이 말씀하시는 성공은 '참으로 의미 있는 삶을 사는 것'이다. 둘째는 이웃에 대해 진정한 우정을 품도록 노력하는 것이다. 진정한 우정에 이르면 다른 사람의 업적을 시기하지 않게 된다. 이렇게 노력해 가면 "우리는 권력과 부와 특권의 영역에서 이웃을 뛰어넘으려는 욕망으로부터 조금씩 벗어날 수 있다."⁷⁾ 이것은 경쟁과 투쟁과 시기와 음모가 일상사로 되어 있는 정치 현장에 살았던 사람의 경험적 증언이기 때문에 특별한 무게를 가진다.

　카터가 말하듯, 그리스도인은 삶의 목표를 분명히 해야 한다. 다른 사람과 싸워 이기는 것이 아니라 다른 사람과 함께 살아가는 것, 다른 사람보다 더 강해지는 것이 아니라 함께 약함을 극복하는 것, 다른 사람보다 더 높아지는 것이 아니라 모두가 같아지는 것을 위해 노력해야 한다. 주의 능력을 힘입어 승리하는 것이 목적이 아니라 주의 능력으로 높아지려는 욕구를 버리고 섬기는 것이 목적이다. 이것은 얼마든지 가능한 일이고 해야만 하는 일이다.

13. 섬김: 군림이 아니라 섬기는 능력을 구한다

토론을 위하여

'탁월성'을 이루려는 노력과 예수님이 경고하신 '크고자 하는 것'은 어떻게 다른가? 능력 없는 것과 예수님이 말씀하신 '낮아지는 것'은 어떻게 다른가? 예수님의 정신 안에서 탁월성을 위해 노력하는 것과 더 강한 자, 더 높은 자, 더 유명한 자가 되려고 노력하는 것은 어떻게 다른가? '주의 영광을 위해 높아지리라'는 말에 대해 어떻게 생각하는가?

성찰을 위하여

당신의 삶의 태도를 성찰해 보라. 당신은 무엇을 위해 얼마나 노력하고 있는가? 욕망을 채우기 위한 것인가, 하나님의 뜻을 이루기 위한 것인가? 당신의 직업을 통해 하나님이 원하시는 것이 무엇일까? 그 일을 하나님의 기준에 부합하는 방법으로 하기 위해서는 어떤 준비와 노력을 해야 할까? 구체적인 답을 얻기 위해 묵상하고 실행하라.

더 읽을 책

조호진, 「압살롬, 뒤틀린 영성의 길」(홍성사).

14
정의: 실력대로 차지하는 것이 항상 정의는 아니다

민주주의를 필요하게 만든 것은 인간의 악한 본성이다. 그리고 민주주의를 가능하게 만든 것은 정의에 대한 인간의 믿음이다. ─라인홀드 니버

승리 같은 패배, 패배 같은 승리

경쟁은 근본적으로 다른 사람보다 더 많은 몫을 차지하고자 하는 노력이다. 경쟁심의 뿌리는 인간의 타락한 본성에 있다. 사람들이 가지고자 하는 어떤 대상이 있는데, 그 양이 충분하지 않을 때 경쟁이 일어난다. 때로는 양이 충분한데도 경쟁이 일어난다. '필요한 만큼'에 만족하지 못하기 때문이다. 이렇듯 경쟁 자체가 인간의 욕망에 뿌리를 두고 있기 때문에 근본적으로 '공정' 경쟁이라는 말 자체가 모순이다. '절대 공정'을 유지하게 되면 경쟁은 일어날 수 없다. 경쟁에서 '공정성'을 말하는 것은 절대적인 의미가 아니라 상대적인 의미다. '어느 정도의 불법은 용인할 테니 적어도 이 정도의 규칙은 지키라'는 것이 사회에서 말하는 공정 경쟁이다.

그런데 우리 사회를 보면 공정 경쟁이라는 말은 허울인 것 같다. 자신의 목적을 이루기 위해 온갖 수단을 동원하는 비윤리적 풍조가 만연해 있기 때문이다. '살아남은 자가 정의다'라는 격률이 진리로 통한다. 목적을 이루기 위해 권력이나 돈의 힘을 동원한다. 사회를 병들게 하는 엄청난 향락 산업은 바로 불공정 경쟁의 부산물이다. 얼마 전, 미국 교포 출신의 한 청년 사업가가 "나는 왕처럼 살고 있다"고 말한 것이 화제가 되었는데, 그 배후에도 불공정 경쟁이 초래한 호사스런 접대 문화가 도사리고 있다.

바로 이것이 사업 현장에 있는 그리스도인들을 고뇌로 몰아넣는 현실이다. 현실적으로 자본주의에서 공정 경쟁이 완전하게 이루어지는 곳은 없지만, 우리 사업 현실은 특히 더 그렇다. 그리스도인 사업가가 다른 사업가와 경쟁해서 이기려면 그들과 같은 수단을 사용하지 않으면 안 될 것처럼 보인다. 부당한 방법을 사용하는 것도 신앙 양심에 걸리고, 타락한 향락 문화에 몸담아야 한다는 것도 가책이 된다. 그렇다고 접대를 하지 않으면 경쟁에서 이길 수 없으니, 고민에 빠지지 않을 수 없다.

혼탁한 선거전에 참여하는 사람들도 마찬가지다. 대개의 경우 선거에 나섰으면 이기도록 노력하는 것이 당연하다. 하지만 그 집착이 너무 강하다 보니 온갖 부정이 동원된다. 교회 기관 선거마저 금권 선거로 타락했다는 것은 공공연한 비밀이 되었다. 그러니 일반 사회의 경우는 더 말해 무엇하겠는가! 이 상황에서 그리스도인의 양심을 지킨다는 것은 그렇게 만만한 일이 아니다(하긴, 사회의 일반 조직보다 교회 조직이 더 정의롭다는 말은 더 이상 당연한 사실로 받아들여지지 않는다. 깨끗하고 투명한 선거가 이루어지는 사회 조직은 의외로 많다. 딱한 일이다).

14. 정의: 실력대로 차지하는 것이 항상 정의는 아니다

다음은 교회 기관의 선거에 참여했다가 낙선한 어느 목회자의 기도문이다.[1]

오늘도
나를 잡아끄는
두 개의 힘 사이에서
갈팡질팡하며
일상(日常)을 살았습니다.

시간 엄수와 유연함
'정확히'와 '적당히'
'법대로'와 '은혜로'
책임적 관심과 무책임한 방임.

이 편에 있으면 차갑고
저 편에 있으면 줏대 없고,
여기 서면 고집 세고
저기 서면 무능하고,
이렇게 하면 거만하고
저렇게 하면 한심하고,
돈으로 다가가면 타락한 놈이고
기도에 의지하면 요령을 모르는 숙맥이고.

두 다리 멀쩡한 내가
아직도 설 자리 못 찾는 것은

"안식일은 사람 위해 있다!" 하시면서
그 입으로 "독사의 자식들아!" 말씀하신
주님을 아직도 제대로
알지 못한 탓이겠지요?

이 기도문 끝에 그는 이렇게 토를 달아 놓았다. "돈의 힘보다 기도의 힘이 그래도 더 위대하다는 믿음을 지키려면 순교를 각오한 투쟁이 필요한지, 돈 생기는 기도 방식을 터득해야 하는지 고민 중입니다."

결국 그는 낙선했다. 그가 부정한 수단을 전혀 동원하지 않았기 때문에 낙선했는지 어떤지, 나는 알지 못한다. 다만, 그가 경험으로 증언하는 우리 사회의 부패상이 엄연한 현실이라는 것만은 분명하다. 고민에 찬 그의 고백이 자신의 패배를 정당화하려는 핑계로만 치부되어서는 안 된다. 그의 고백은 이 경쟁 사회에서 그리스도인들이 어떻게 행동해야 하는지에 대해 심각한 질문을 제기하고 있는 것이다.

이런 상황에서 그리스도인에게 정직하고 정의롭고 공정하게 살아가라고 요청하는 것은 가혹하게 느껴질지 모른다. 그러나 이 부패한 사회에서 그리스도인들이 받은 부르심은 부정한 수단을 써서라도 성공하고 승리하는 것보다는, 실패를 무릅쓰고 옳은 길을 가는 것이다. 그렇게 하면 결국 승리하고 더 잘 될 것이라고 장담하는 사람들이 있지만, 나는 그렇게 낙관적으로 보지 않는다."[2] 진리의 길을 올곧게 걸으신 예수님은 결국 죽음을 당하지 않으셨던가! 예수님의 승리는 목숨을 지키는 것이 아니라 끝까지 진리를 지킨 것이 아닌가! 이로써 죽는 한이 있어도 진리를 지키는 것이 옳다고 믿은 많은 순교자들을 일으킨 것이 아닌가! 이로써 인류 역사에서 진리가 면면히 지켜지고 증언되어 온 것이 아닌가! 그렇다면, 지더라도 의를 지키려는 그리스도인은 이 사회의 부패를 막고 있는 '소금'(마 5:13)이 아닌가! 그러한 '승리의 패배'들이 이 사회를 정화시키는 거룩한 희생이 아닌가!

실력 경쟁은 공정하다?

실력으로 경쟁에 임한다면 문제가 없다고 생각하는 것이 보통이다. 실력으로 경쟁하여 승리한다면 그 사람은 그 승리의 열매를 얼마든지 누릴 자격이 있다는 뜻이다. 여기서 '실력'이라는 말은 그 사람이 소유한 여러 가지 능력을 가리킨다. 학생이라면 공부한 정도, 직장인이라면 그 분야에서의 전문적인 소양과 능력을 가리킨다.

실상, 오늘날 우리 사회에서 가장 공정한 기준으로 인정받고 있는 것이 실력이다. 미국에서는 당연시하는 기여 입학제를 우리 국민이 받아들이지 못하는 이유 중 하나는 '돈'을 공정한 실력으로 인정하지 않는 풍토 때문이다. 재산을 정당하지 않게 모았을 거라는 의심이 지배적이기 때문이다. 대형 교회의 세습이 지탄을 받는 것도 '가정적 배경'을 공정한 실력으로 인정하지 않기 때문이다. 세도가의 자녀들이 군대 징집을 피한 사실에 대해 거부감을 느끼는 것도 아버지의 정치적 '실력'을 공정하다고 생각하지 않기 때문이다. 반면, 공부 잘해서 좋은 대학에 입학하는 것에 대해서는 공정하다고 생각한다. 목회를 잘해서 큰 교회로 초빙받으면 공정하다고 생각한다. 월드컵 4강 신화를 만든 국가 대표 축구 선수들이 군 복무를 면제받는 것을 대다수 국민은 공정하게 여기고 있다. 그 실력이 공정하다고 인정하기 때문이다.

하지만 이 지점에서 우리는 두 가지 문제를 생각해 보아야 한다. 첫째, 과연 '실력'으로 경쟁하는 것이 전적으로 공정한가? 실력으로 경쟁하는 것이 '비교적' 공정하다는 점을 인정할 수는 있지만, 이론의 여지가 없는 것은 아니다. 앞에서 말한 대로 경쟁의 공정성은 같은 조건에서 같은 수단으로 같이 출발할 때 확보된다. 실력 경쟁은 비교적 이 기준에 가깝기는 하지만, 깊이 따져 보면 그것 역시 불공정한 요소를 많이 가지고 있다.

상식적으로 생각해 보자. 어떤 사람은 높은 지능을 가지고 태어나고 어떤 사람은 낮은 지능을 가지고 태어난다. 이 두 사람이 지능으로 경쟁한다면 공정하다 할 수 없다. 어떤 사람은 민첩한 운동 신경을 타고나지만 나 같은 사람은 그렇지 못하다. 이 두 사람을 체력적으로 경쟁시키는 것은 불공정하다. 가정 환경도 마찬가지다. 어떤 사람은 부유한 가정에서 태어나 좋은 교육을 받지만, 어떤 사람은 머리가 좋아도 가정 환경 탓에 충분한 교육을 받지 못한다. 내가 성장할 때만 해도 가난한 집 아이들이 공부를 잘하는 경향이 있었다. 하지만 최근 통계에 의하면 서울 강남의 부유층 자녀들의 학업 실력이 가장 좋다고 한다. 지금 같은 교육 체제에서는 아무리 머리가 좋아도 돈이 없으면 좋은 대학에 가기 어렵다. 이것을 고려한다면 공정 경쟁이라는 말에 대해 의문을 품지 않을 수 없다.

도널드 크레이빌은 실력이 공정한 경쟁 기준이 될 수 없는 이유를 다음과 같이 지적한다(괄호 안은 내 설명이다).[3]

1) 생물학적 제약 조건(신체 조건이나 타고난 지능)

2) 문화적 가치(교육을 제일로 생각하는 한국 문화에서 자란 사람과 사냥 기술을 제일로 생각하는 유목 문화에서 자란 사람이 같을 수 없다)
3) 개인적 동기의 형성 과정(어떤 아이는 성장 과정에서 기가 꺾였지만 어떤 아이는 기를 활짝 펴게 되었다)
4) 지역 사회의 자산(강남에 사는 학생과 강북에 사는 학생이 같은 노력을 들여도 결과가 다르다)
5) 가족의 안정성(이혼, 질병 같은 가정 환경 때문에 실력을 쌓지 못한 사람이 있다)
6) 상속된 부 혹은 가난
7) 기회

한 개인의 실력을 결정하는 요인으로서 스스로의 노력이 가장 중요하지만, 그 사람이 결정할 수 없는 환경적 요인이 이렇게 많다는 것이다. 열악한 환경 조건을 극복하고 인간 승리를 이룩한 입지전적 인물들을 간혹 볼 수 있다. 많은 사람들이 그들의 예를 들어 환경을 탓하는 사람들을 비난한다. 그러나 우리는 한 개인의 도전 의지를 집요하게 좌절시키는 환경 요인들이 엄연히 존재한다는 사실을 분명히 보아야 한다. 그것은 결코 핑계가 아니다. 크레이빌은 다음과 같이 결론짓는다.

우리의 선택과 결정이 우리의 운명을 바꾸는 것은 틀림없는 일이다. 개인적인 동기도 무척 중요하다. 열심히 일하는 것도 중요하다. 그러나 개인주의의 숭배자들의 견해와는 달리, 야망만이 유일한 요인은 아니다. 개인주의는 '개인적인' 성취에 대한 근거 없는 자만심을 부추기고, 그들로서는 통제 불가능한 요인들에 의하여 그리되었음에도 불구하고 사회적으로 낮은 계층에 속한 사람들을 경멸하는 태도를 부추기고 있다. 단지 열심히 일했기 때문에 그들이 성공했다고 생각하는 것은 매우 교만한 일이다. 오만한 개인주의는 어떤 성취를 이루는 데 기여한 주어진 기회나 제약은 고려하지 않은 채, 개인의 공로만을 인정한다.[4]

정당한 대가?

둘째, 실력으로 경쟁해서 이기면 그 대가를 누릴 권리가 주어지는가? '누릴 권리'는 마땅히 인정되어야 할 '정의'(justice)인가? 사회심리학적 개념으로서의 '정의'는 '그 사람이 살아온 것 혹은 행한 것에 비추어 마땅히 가져야 할 것을 가지는 것'을 가리킨다. '정의로운 사회'는 자신이 노력한 만큼의 대가를 누리는 사회다. 자본주의 경제 체제가 '정의'를 가장 큰 미덕으로 내세우는 이유는 일한 만큼의 대가를 정당하게 주장할 수 있기 때문이다. 그것을 누리는 것에 대해 아무도 시비를 걸 수 없다. 하지만 사회심리학자들이 일반적으로 인정하듯이 이 개념은 매우 추상적이다. 현실에서 정의의 문제는 훨씬 더 복잡하다.

앞에서 지적한 대로, 우선 각 사람이 처한 상황이 다 다르다. 두 사람이 같은 시간 동안 같은 노동을 했을 때, 어떻게 대우하는 것이 정의로운가? 똑같은 보수를 주는 것이 정의롭다고 할 수 있다. 하지만 두 사람의 능력이 크게 차이나는 경우, 그 방법은 정의롭지 않다. 능력이 뛰어난 사람이 더 많은 공헌을 했으므로 더 많은 몫을 요구할 수 있다. 그렇다고 보수를 차등 지급하는 것이 정의로운가? 만일 그 사람이 성장하면서 부모의 이혼과 실직으로 인해 교육의 기회를 받지 못했기 때문에 능력을 키우지 못했다면, 그는 차별받고 있다고 할 수 있다. 그 사람으로서는 억울하다고 할 수 있다. 그러므로 사회적 현실에서 모든 사람의 상황을 완전히 충족시키는 정의를 실천하는 것은 불가능하다.

이 말은 두 가지 의미를 함축한다. 하나는 현 경제 체제를 있는 그대로 받아들이지 말고 더 많은 사람에게 정의가 실현되도록 체제를 개선해 가야 한다는 문제 의식이다. 우리는 현 체제에 만족해서는 안 된다. 현 체제가 최대한의 정의를 실현할 수 있는지를 항상 묻고 개선해 가야 한다. 양명수 교수가 말하는 대로 '공정한 사회'가 아니라 공정성을 근거로 한 '은혜가 넘치는 사회'로 만들어 가야 한다.[5] 이 과정에서 자신의 기득권을 포기할 준비가 되어 있어야 한다. 정의를 실현하는 것이 언제나 나에게 유리하게만 작용하는 것은 아니기 때문이다.

또 하나는 이 사회가 나에게 정의의 이름으로 할당해 준 몫에 대해 지나치게 권리를 주장해서는 안 된다는 뜻이다. 우리는 어쩔 수 없이 이 사회 체제 안에서 살아간다. 이 사회는 우리의 노력에 대해 '정의로운' 대가를 안겨 줄 것이다. 그 몫에 대해 사회는 '그것을 누릴 자격이 있다'고 하겠지만, 그리스도인은 그렇게 생각해서는 안 된다. 사회학적으로 보더라도 그 몫에 대한 충분한 자격이 우리에게 없는 경우가 많다. 신앙적으로 볼 때 그 몫은 우리의 정당한 몫이 아니라 하나님이 우리에게 맡기신 것이다. 우리 자신과 이웃을 위해 사용하라고 주신 것이다. 그러므로 우리는 그 몫에 대해 권리를 주장하기에 앞서 의무를 생각해야 한다.

다시 말하자면, 실력으로 무엇을 얻었다 해서 그 열매를 마음껏 누릴 자격을 확보했다고 생각해서는 안 된다. 실력 경쟁에서 패했으니 어려움을 당해도 마땅하다고 생각하면 더욱 안 된다. 좋은 실력을 배양한 사람들은 그 실력에 대해 책임을 느껴야 한다. 그만한 혜택을 받은 만큼 불이익을 당한 사람들도 있었음을 기억해야 한다.

권리냐 책임이냐

내가 대학에 다니던 어느 해인가 서울대학교 총장의 졸업식 축사가 신문에 소개된 적이 있다. 그 당시 많은 사람들이 이 축사에 공감하였다. 그 요지는 이러했다.

여러분이 이 학교에서 4년 동안 공부한 것은 여러분의 공도 있지만 부모님의 공, 선생님들의 공, 가족과 친지의 공도 있었다. 또한 여러분이 공부하는 혜택을 받는 동안 공장에서 낮은 임금을 받고 밤낮으로 일한 여러분 또래의 젊은이들도 있었음을 잊지 말라. 여러분은 이제 이 학교에서 갈고 닦은 실력을 사회에 나가 나라를 위해 봉사하는 데 사용해야 한다. 엘리트로 선택된 사람으로서 사회에 대한 책임을 잊지 말라.

옳은 지적이다. 우리는 환경 탓만 하면서 노력을 게을리해서는 안 되지만, 동시에 자신의 실력을 자신의 노력만으로 이룬 것인 양 생각해서도 안 된다. 그 실력에 대한 책임을 인정해야 한다. 그 실력으로 남을 딛고 서서 전리품을 모으려 하지 말고 함께 잘 사는 사회가 되도록 그 실력을 사용해야 한다.

나는 적지 않은 사람들이 자신의 게으름을 합리화시키는 방편으로 나와 비슷한 주장을 한다는 것을 알고 있다. 내 주장이 그런 사람들에게 악용되기에 적합하다는 점도 인정한다. 부자들이 자신의 기득권을 교묘하게 옹호하고 변호하는 것만큼이나 게으른 자들의 자기 변호는 위선적이다.

   나는 여기서 그리스도인으로서 마땅히 가져야 할 태도를 말할 뿐이다. 예수님의 제자로서 이 사회에 사는 우리는 뼈를 깎는 고통으로 실력을 쌓았다 해도 다른 사람들을 위해 그 실력을 사용하는 것이 마땅하다. 실력이 없어 뒤쳐지는 사람들을 당연시하지 말고 그들의 힘이 되어 주어야 한다. 실력 있는 사람과 없는 사람의 생활 수준 차이를 좁힐 수 있도록 개인적으로 그리고 사회적으로 노력해야 한다. 그것이 사회에 대한 우리의 소명이다.

토론을 위하여

학생이 '경쟁의 동기'로 공부하는 것과 '소명의 동기'로 공부하는 것은 어떻게 다른가? 직장인이 일터에서 일하는 것, 사업가가 사업하는 것은 어떤가? 각각의 경우 다른 동기들은 어떤 결과를 만들어 내는가? 구체적으로 생각해 보라.

성찰을 위하여

당신은 동급생 혹은 동료가 앞서 나가는 것에 대해 어떻게 느끼는가? 혹은 그들보다 당신이 앞서 나갈 때 어떤 느낌이었는가? 그 느낌에 무슨 문제가 있는가? 다른 사람을 경쟁 상대가 아닌 협력 상대로 보게 해 달라고 기도하라. 소명의 동기로만 일할 수 있도록 마음을 정리하고 실천하라.

더 읽을 책

경실련 경제정의연구소, 「윤리경영이 경쟁력이다」(예영).

제5부

세상을 바꾸는 참된 힘

주님이 우리처럼 낮아지신 것,
그것처럼 그분의 능력의 크심을 드러내는 것은 없다.
- 닛사의 그레고리(Gregory of Nyssa)

우리가 물질적으로 부유해질수록
정신적으로, 영적으로 빈곤해진다.
우리는 새처럼 공중을 날고
물고기처럼 바다를 헤엄치는 복잡한 기술을 터득했지만
모두가 형제처럼 살아가는 간단한 기술은 터득하지 못했다.
- 마틴 루터 킹(Martin Luther King, Jr.)

선이란 지극히 단순하다.
항상 다른 사람을 위해 사는 것,
자기 자신만의 유익을 결코 구하지 않는 것,
바로 그것이다.
- 다그 함마쉘드(Dag Hammarskjoeld)

15
힘: 약한 것이 강한 것을 이긴다

> 힘은 타락시키는 경향을 가지고 있다. 힘이 클수록 그 경향은 강해진다.
> ─존 액튼(John Acton)

이기는 자가 정의다?

"힘에 대한 항구적이고 만족할 줄 모르는 욕구는 모든 인류가 공유하고 있는 본성인데, 그것은 죽을 때에나 끝이 난다." 토마스 홉스가 그의 책 「리바이어던」(*Leviathan*)에서 인간의 권력 지향성에 대해 간파한 말이다. 예수님은 야고보와 요한의 요청에 답하시면서 그 사실을 이미 언급하신 바 있다. 다른 사람 위에 올라서서 마음대로 해 보려는 욕구가 모두에게 있다는 것이다(막 10:42). 실로, 인간 행동의 동기를 깊이 캐고 들어가면 결국 '힘에 대한 욕구'라는 최종적인 근원을 발견하게 된다. 그러므로 '우리가 추구할 참된 힘은 무엇이며, 그것을 어떻게 얻어야 할 것인가?'라는 질문은 인간 실존의 핵심을 묻는 질문이다.

이 질문에 대해 바른 대답을 가지고 있지 못하면 우리는 헛된 힘을 추구하느라 인생을 허비하고 말 것이다. 뿐만 아니라, 이 욕구는 우리를 힘 있는 사람, 가진 사람, 능력 있는 사람 편에 줄을 대도록 만든다. 그들의 힘을 이용해 좀더 빨리, 좀더 쉽게 힘을 얻으려다 보니 힘 없는 사람, 가진 것 없는 사람, 능력 없는 사람이 눈에 보이지 않는다. 타락한 정치인들처럼 힘을 얻는 데 도움이 될 때만 그들을 이용하고, 가치가 없어지면 가차없이 버린다. 강자에게는 부단히 추파를 던지며 아부하고, 약자에게는 무심하고 매정하게 대한다.

오래 전부터 우리 사회에서 성공하기 위해서는 '빽' 혹은 '줄'이 중요했다. 혈연이나 지연이 없는 사람은 경쟁에서 이기기 위해 돈으로 더 강한 힘을 끌어댔다. 이것은 줄 대기라는 악순환을 만들어 내고, 이 틈새에서 부정부패가 무럭무럭 자랐다. 일단 승리해서 힘을 소유하면 모든 것을 은폐할 수 있으므로, 무슨 수를 써서라도 이겨야 한다고 생각한다. 사업가, 정치가, 심지어 학교를 운영하는 사람들도 그렇게 생각한다. '지는 것은 힘이 없기 때문이요, 이기는 사람만이 말할 수 있다. 무슨 수를 쓰더라도 일단 이겨야 한다. 이기기 위해 힘을 길러야 하며 힘 있는 사람에게 줄을 대야 한다.'

참으로 안타까운 일은 그리스도인들조차도 "너희 중에는 그렇지 않을지니"(막 10:43, '내 제자인 너희는 그렇게 행동해서는 안 된다'는 뜻)라는 예수님의 명령을 망각하고 맹목적으로 힘을 추구하고 줄 대기에 참여해 왔다는 점이다. 지난 몇 년 간 부정부패로 적발된 고위 공직자들 가운데 소위 '존경받는(?) 그리스도인'이 얼마나 많았는가? 텔레비전 카메라가 비리를 행한 범인의 집을 비출 때마다 문에 붙은 교회 스티커를 보고 얼마나 자주 당황했던가? 부정한 운영으로 소요에 휘말린 학교 재단 가운데 소위 '기독교 재단'이 얼마나 많은가? 이 예들은 그리스도인들도 이 사회의 관행에 따라 힘을 얻기 위한 부정에 동참해 왔다는 사실을 증언한다. 그렇게 하지 않고는 승리할 수 없다고 생각했기 때문이리라. 일단 이기고 나야만 주님의 영광을 위해 일할 수 있다고 자신을 속여 가면서 부정을 행했을 것이다.

그러나 예수님은 우리가 다른 사람을 이기기 위해 노력하는 것도 원치 않으시며, 그것을 위해 부정한 술수를 동원하는 것도 원치 않으신다. 살아가는 모든 과정에서 그분의 제자답게 행동하기를 원하신다. 적어도 그리스도인에게 이르러서는 그 부패의 사슬이 끊어지기를 원하신다. 우리가 잠시만 눈감아 달라고 아무리 빌어도 그분은 들어주시지 않을 것이다. 그분은 언제나 불꽃 같은 눈으로 우리를 지켜보신다. 다른 사람보다 더 높아지기 위해서가 아니라 더 많이 섬기기 위해 노력하라고 하신다. 그렇게 하여 힘에 대한 유혹에서 벗어나고 부정의 올무에서 벗어나라고 말씀하신다.

윗물이 맑아야 아랫물도 맑다?

이 문제와 관련하여 나는 교회의 행태에 대해 매우 염려하고 있다. 최근 한국 교회의 '권력 지향성'은 우려할 만한 상황에 이르렀다. 기독교 2,000년 역사를 거쳐 오면서 권력 지향성은 끊임없이 교회의 본질을 위협해 왔지만, 최근에는 더욱 심각한 상태에 와 있다. 권력자들을 주님 앞으로 인도하면 그 권력으로 주의 사업을 더 효과적으로 할 수 있고, 돈 많은 사람을 인도하면 그 돈으로 더 능력 있게 일할 수 있다는 주장이 의심 없이 받아들여진다. 영향력이 큰 계층에 있는 사람들을 전도하면 낮은 계층에 있는 사람들을 더 효과적으로 전도할 수 있으며, 그들을 전도함으로 이 사회를 더 정의롭게 만들 수 있다는 것이다. 그러므로 더러워진 아랫물을 붙들고 시간 낭비하지 말고 먼저 윗물을 맑게 하자고 말한다. 뿐만 아니라, 그리스도인들은 더 큰 영향력을 가지기 위해 부단히 높아지고 강해지기를 추구해야 한다고 부추긴다.

논리적으로는 그럴듯하게 보인다. 하지만 논리가 진리를 보장하지 않는다. 오히려 논리가 진리를 호도하는 경우도 많다. 인간적인 시각에서는 윗물을 맑게 하는 것이 더 효과적으로 보이지만, 하나님의 시각에서는 그 반대라는 것이 성경의 일관된 증언이다. 바울의 말을 보라.

> 하나님께서 세상의 미련한 것들을 택하사 지혜 있는 자들을 부끄럽게 하려 하시고 세상의 약한 것들을 택하사 강한 것들을 부끄럽게 하려 하시며 하나님께서 세상의 천한 것들과 멸시받는 것들과 없는 것들을 택하사 있는 것들을 폐하려 하시나니 이는 아무 육체도 하나님 앞에서 자랑하지 못하게 하려 하심이라(고전 1:27-29).

이것이 하나님의 방법이다. 설사 윗물을 맑게 하여 아랫물을 더 빨리 그리고 더 쉽게 정화시킬 수 있다 해도, 그 결과로 우리는 교만의 함정에 빠진다. 어떤 일이 이루어졌을 때 하나님의 공로를 인정하지 않고 자기 돈이나 권력 때문이라고 생각하게 된다. 하나님은 이것을 원치 않으신다. 자랑하는 모습을 보기 싫어서가 아니라, "교만은 패망의 선봉"(잠 16:18)이기 때문이다. 그래서 하나님은 아랫물을 맑게 하여 윗물까지 맑게 하는 방법을 선호하신다. 그것이 우리에게는 불가능해 보이지만 하나님은 하신다. 그래서 그것을 하나님의 기적이라고 한다.

성경을 뒤져 보자. 하나님은 자주 약하고 가난하고 낮은 사람을 들어 쓰셨다. 하나님은 왜 예수님을 예루살렘의 귀족 가문에서 태어나게 하지 않으셨을까? 그분이 명문 가문에서 태어나 공회원(산헤드린 최고회의 의원)이 되어 동료 공회원들을 전도했다면 더 효과적이지 않았을까? 우리 생각엔 그럴듯해 보이지만 하나님은 그렇게 하지 않으셨다. 그분은 예수님을 이름 없는 촌동네 나사렛의 가난한 여인에게 나게 하셨고 비천한 목자들에게 먼저 그 소식을 알리셨다. 예수님은 갈릴리의 낮고 천한 사람들을 찾아다니셨다. 윗물을 피하고 아랫물로 먼저 가신 이유가 분명히 있었다. 그런데 왜 우리는 윗물만 쳐다보는가? 인간의 지혜로움이 하나님의 어리석음보다 더 어리석다는 말씀(고전 1:25)을 기억하지 못하는가?

이런 점에서 보면 '물의 비유'를 '나무의 비유'로 바꾸는 것이 좋겠다.[1] 나무를 건강하게 하려면 뿌리부터 견고하게 해야 한다. 높은 데를 쳐다보지 말고 낮은 곳을 보아야 한다. 거름을 주고 물을 주고 잡초를 뽑아 주어야 한다. 그래야 나무 전체가 건강해지고 좋은 열매를 맺을 수 있다. 마찬가지로, 우리 사회가 건강해지려면 '높은 사람'(부자나 권력자로서, 경제력이나 권력이 높다는 뜻이다. 그들의 인격이나 덕은 별개다)보다는 '낮은 사람'에게 더 공을 들이는 것이 바람직하다. 그래서 주님은 낮은 데로 임하셔서 낮은 사람들을 위해 일하셨다. 교회도 그렇게 해야 한다.

이 말을 높고 힘 있는 자들을 배척하자는 뜻으로 곡해하지 말기 바란다. 높고 귀하고 강한 데서 시작하면 우리는 하나님을 믿지 않고 인간적·세상적 힘을 의지할 위험이 있음을 지적하려는 것이다. 그러면 교만에 빠진다. 교만에 빠진 사람은 구제할 방법이 없다. 7세기의 시리아 수사 존 클리마쿠스(John Climacus)는 "탐욕은 사람이 치유할 수 있고 악의는 천사가 치유할 수 있다. 하지만 교만은 하나님밖에 치료할 수 없다"고 했다. 반면, 낮고 천하고 약한 데서 시작하면 하나님 외에 믿을 대상이 없다. 그러므로 어떤 일을 이루고 나면 우리는 더욱 겸손해진다. 그 일을 이루신 것은 하나님이기 때문이다. 머리로는 납득되지 않던 말씀이 실천을 통해 진리로 확인되면 우리는 자신의 무지함을 확인하고 다시 한 번 낮아질 수 있다.

힘이 있어야 주의 일도 할 수 있다?

이와 관련하여 '교회 대형화론'도 점검해 보아야 한다. 이것 역시 권력 지향성에 뿌리를 두고 있다. 성장주의자들의 주장에 의하면, 교회가 크다는 이유로 비판해서는 안 된다. 오히려 교회가 커지면 주의 일을 할 능력도 더 커진다. 교회가 작으면 일하기도 어렵고 폐를 끼치기 쉽다. 반면, 큰 교회는 많은 인력과 금력으로 웬만한 일을 거뜬히 할 수 있다. 이 주장이 진실인가?

나는 교회 대형화를 부정적으로만 보지 않는다. 나 자신이 대형 교회에서 생활해 보았다. 목회하면서 교회가 성장하는 것 때문에 감사했던 경험도 있다. 물론 대형 교회에서는 경험할 수 없는, 작은 교회만의 장점도 있다. 하지만 인정하지 않을 수 없는 긍정적인 면이 대형 교회에도 있다. 탁월한 설교든 감동적인 예배든 효율적인 조직이든 체계적인 교육과 훈련이든, 뭔가 특별한

15. 힘: 약한 것이 강한 것을 이긴다

점이 있다. 그것 없이 대형 교회가 되는 것은 드문 일이다.

나는 성령이 살아 역사하는 교회라면 마땅히 성장할 것이라고 믿는다('성장한다'는 말은 '대형 교회가 된다'는 말과 별개다). 질적 성숙이 중요하지만 양적 성장을 부정해서도 안 된다. 진정으로 교회다운 교회라면 참다운 신앙을 갈구하는 사람들이 알아보고 모여드는 것은 당연한 일이다. 교회가 오랜 기간 성장하지 않고 있다면 세밀하게 진단해 볼 필요가 있다. 큰 교회가 반드시 바른 교회라고 말할 수는 없지만, 바른 교회는 거의 예외 없이 성장한다고 나는 믿는다.

그러므로 나는 '교회는 작아야 한다'고 주장하지 않는다. 다만, 교회 대형화가 수반하는 사단적 위험을 지적하려 할 뿐이다. 작은 교회가 유혹에서 안전한 것은 아니지만, 대형 교회가 직면하는 유혹은 이와 비교할 수 없을 만큼 강력하다. 가장 큰 위험은 '힘의 유혹'이다. '힘이 없으면 주의 일도 할 수 없다'는 주장은 진리를 벗어났다. 황호찬 교수는 이것을 상업주의적 사고의 한 유형이라고 본다.[2] 기독교는 처음부터 인간적 힘에 의존하지 않았다.

예수님이 광야에서 받으신 유혹의 본질이 무엇인가? 바로 힘의 유혹이다. 하나님의 방법은 무력함을 택하는 것이다. 약함 중에 역사하는 하나님의 능력을 믿는 것이다. 반면, 사단의 방법은 힘에 의존하는 것이다. 예수님은 그것을 거부하셨다. 바울도 이 비밀을 알았다. 그는 힘이 있어도 사용하지 않고 하나님의 능력만을 의지했다. "내가 약한 그 때에 강함이라"(고후 12:10)는 믿음 때문이다. '바울이 로마 시민권의 힘을 사용하지 않았느냐?'고 반문할 수 있겠지만, 실제로 그 힘을 사용한 경우는 별로 없다. 사도행전의 기록만 보아도 알 수 있다. 그는 무력한 죄수로서

로마로 가는 데 그것을 이용했을 뿐이다. 시민권으로 특권을 누리려거나 다른 사람을 위압하거나 신분 상승을 시도한 적이 없다.

대형 교회는 하나님이 아니라 인간적 힘을 의지하려는 유혹에 무방비로 노출되어 있다. 힘의 논리에 빠진 사람은 그게 무슨 문제냐고 반문할 것이다. 그것은 교회로서 혹은 그리스도인으로서 가장 경계해야 할 유혹이다. 이것은 교회를 타락시켜 교회 됨을 잃게 만든다. 돈과 권력과 힘에 의존하는 교회는 무력함 속에서 역사하시는 하나님의 기적을 보지 못한다. 의식하지 못하는 사이에 하나님을 버리고 맘몬을 섬기게 된다. 맘몬의 힘으로 큰 일을 할 수는 있을지 몰라도 선한 열매를 맺을 수는 없다.

로마 교회가 콘스탄티누스 황제의 회심 후 권력과 부를 손에 넣으면서 이전의 생명력을 잃어버렸다는 사실은 대부분의 기독교 역사가들이 증언하는 바다. 황제가 회심하여 권력과 부를 주었을 때 로마 교회는 그것을 거부했어야 했다. 계속 '무력함의 힘'으로 복음을 전해야 했다. 돈의 힘, 권력의 힘으로 복음을 포장하자 복음이 죽어 버렸다. 아무 힘이 없었던 초대교회는 하나님을 의지함으로 참된 힘을 발휘했지만, 권력과 돈의 힘을 의지한 중세 교회는 타락의 길로 들어섰다. 그 타락은 결국 십자군 전쟁과 같은 끔찍한 잘못으로 이어졌다. 필립 얀시는 힘에 의지한 기독교 역사를 훑어본 다음, 이렇게 질문한다.

> 하나님의 나라는 세상 나라들과 정반대로 작은 운동, 소수의 운동일 때 최고의 기능을 발휘하는 것 아닐까? 이상한 일이지만 작은 운동의 범주 이상으로 확대되면 그 나라는 본질이 변하고 만다.[3)]

15. 힘: 약한 것이 강한 것을 이긴다

죽임당하신 어린양

요한계시록은 전통적으로 패권주의적 기독교가 가장 애용하는 책이었다. 그리스도인의 최후 승리와 악한 자들의 혹독한 징벌을 그리고 있기 때문이다. 마침내 의인들이 영광을 받고 하나님의 불 같은 진노가 불의한 자들에게 임한다. 의인들은 영생을 선물로 받고 영원히 하나님을 찬양하며 복을 누린다. 돈과 권력을 손에 쥔 그리스도인들은 이 비전을 잘못 이해하여 하나님의 심판의 대리자를 자처하고 나섰다. 십자군 전쟁을 포함한 대부분의 종교 전쟁은 이런 전투적 열심에서 비롯되었다.

이것은 요한계시록을 잘못 읽은 것이다. 요한계시록의 메시지는 하나님을 대신해 칼을 들어 악한 자들을 징벌하라는 것이 아니다. 이 책에 들어 있는 상징을 제대로 이해한다면 요한계시록은 칼을 들고 일어서라는 '응징에의 부름'이 아니라 칼을 들고 일어선 사람들 앞에서 끝까지 믿음을 지키고 복음을 증언하라는 '순교에의 부름'이다.[4] 무력(武力)을 들고 일어서라는 요청이 아니라 하나님을 믿고 무력(無力)해지라는 요청이다. 복음을 전하되 세상적 힘에 의지하지 말고 하나님께 의지하라는 말이다. 죽음의 위협이 닥쳐와도 무력(武力)으로 대항하지 말고 무력(無力)하게 당해 주라는 것이다.

우리 주님은 '죽임당하신 어린양'이다. 그분은 로마의 힘 앞에서 무력하게 죽음을 당하셨다. 하지만 그 무력함 때문에 그분은 참된 힘을 하나님으로부터 부여받으셨다. 요한은 이런 음성을 들었다.

죽임을 당하신 어린양은

능력과 부와 지혜와 힘과
존귀와 영광과 찬송을
받으시기에 합당하도다(계 5:12).

이어서 이런 말이 또 들렸다.

보좌에 앉으신 이와 어린양에게
찬송과 존귀와 영광과 권능을
세세토록 돌릴지어다(계 5:13).

    우리 주님은 이렇게 죽임을 당하심으로 살림을 받으셨고, 낮아짐으로 높아지셨고, 무력해짐으로 참된 힘을 받으셨다.
    우리는 주님의 길을 따르는 사람들이다. 요한이 본 환상에 의하면, 천국에 있던 14만 4천의 성도는 모두 흰 옷을 입고 있었다. 그 환상에 등장하는 장로에 의하면 흰 옷 입은 14만 4천은 "큰 환난에서 나오는 자들인데 어린양의 피에 그 옷을 씻어 희게 한"(계 7:14) 사람들이다. 이 성도들은 구원받은 백성을 가리키고, "큰 환난에서 나왔다"는 말은 고난과 순교를 당했다는 뜻이다. "어린양의 피에 옷을 씻은" 것은 예수님의 희생에 참여했다는 뜻이다. 결국, 구원받은 성도들은 무력하게 죽임당하신 어린양처럼 무력한 증언을 통해 복음을 전하는 사람들이다. 이를 위해서는 고난도 당하고 순교를 당할 수도 있다. 하지만 그들은 "몸은 죽여도 영혼은 능히 죽이지 못하는 자들"(마 10:28)을 두려워하지 않는다. 하나님은 죽임당하신 어린양을 높여 주셨듯이 무력하게 증언한 사람들을 높여 주신다. 장로의 증언을 계속 들어 보자.

그들이 하나님의 보좌 앞에 있고
또 그의 성전에서 밤낮 하나님을 섬기매
보좌에 앉으신 이가 그들 위에 장막을 치시리니
그들이 다시는 주리지도 아니하며
목마르지도 아니하고
해나 아무 뜨거운 기운에 상하지도 아니하리니
이는 보좌 가운데에 계신 어린양이 그들의 목자가 되사
생명수 샘으로 인도하시고
하나님께서 그들의 눈에서
모든 눈물을 씻어 주실 것임이라(계 7:15-17).

이 땅에서 스스로 무력한 자리에 내려앉아 인간적 힘에 호소하지 않고 복음을 증언한 사람들이 하나님 안에서 영원한 행복을 누린다는 말씀이다. 그것이 그리스도인이 바랄 소망이다. 이 소망이 있기에 이 땅에서 무력해지는 편을 택할 수 있다. 높은 자리에 앉아 권력과 금력과 완력을 과시하면서 '나처럼 되려면 복음을 믿어라'라고 말하는 것은 복음을 더럽히는 일이다. 무력한 자리에서 하나님의 능력을 드러냄으로 그분의 살아 계심을 증거하는 것이 참된 증인이다.

온 천하를 얻고도

그리스도인은 여러 가지 점에서 역설적 존재다. 무력함 속에서 참된 힘을 드러내고 죽음 가운데서 참된 생명을 드러내며 낮은 데 처함으로 진정으로 높은 것을 드러내는 것처럼 대단한 역설이 또 어디 있을까? 이 역설을 알지 못하면 세상에서 통하는 힘의 논리에 속는다. 그리스도인에게는 세상적인 힘의 논리가 통하지 않는다. 그렇기 때문에 부단히 힘의 유혹을 거부하고 무력한 쪽을 택한다. 예수님이 말씀하신 '온유함'은 인자하고 친절한 태도라기보다는 인간적인 힘에 호소하지 않는 태도를 가리킨다. 지는 편, 손해 보는 편, 밀려나는 편을 택하는 것을 가리킨다. 세상적인 기준에서는 이 사람들이 가망 없어 보이지만, 예수님은 이들이 결국 "땅을 기업으로 받을 것"(마 5:5)이라고 말씀하신다. 진짜 가망 있는 사람은 무력한 사람들이라는 뜻이다.

 다시 한 번 강조하지만, 그리스도인들은 부단히 힘의 유혹을 거부해야 한다. 그리스도인의 삶의 목적은 힘을 키우는 데 있지 않다. 진정한 힘은 영성의 힘이다. 그 힘으로 우리는 무력하게 낮아져서 섬기는 삶을 살아가야 한다. 그리스도인이 직장에서 승진하는 것은 반길 일이다. 더 많은 힘을 얻기 때문이 아니라 더 많이 섬길 수 있기 때문이다. 그리스도인이 선거에서 당선되는 것은 반길 일이다. 그리스도인이 좋은 성적과 업적을 내는 것은 반길 일이다. 마땅히 그렇게 노력할 일이다. 하지만 그 목적이 더 많은 힘을 얻기 위한 것이 아니라 더 많이 섬기기 위한 것이어야 한다. 목적이 그렇게 설정되면, 승진과 당선과 성취를 위해 부정을 행하려는 유혹을 거부할 수 있다. 목적이 그렇게 설정되면, 승진하지 않아도, 당선되지 않아도 상관없다. 힘을 얻으려면 승진하고 당선되는 길밖에 없지만, 섬기는 길은 그 외에도 많기 때문이다. 지미 카터가 재선에 실패한 후 더 많이, 더 잘 섬길 수 있게 되었다고 고백한 것은 귀담아들을 만하다.

 힘의 유혹을 거부하도록 힘써야 하는 것은 교회도 마찬가지다. 교회가 성장하는 것은 반길 일이지만, 힘의 논리에 속지 않도

15. 힘: 약한 것이 강한 것을 이긴다

록 늘 경계해야 한다.⁵⁾ 돈의 힘, 권력의 힘, 사람의 힘을 믿음으로 하나님을 믿지 않게 될까 경계해야 한다. 힘을 얻기 위해 교회를 키워야 한다고 생각하면 안 된다. 교회가 바로 되면 성장한다. 성장할수록 믿음에 대한 유혹은 커지고 위협도 커진다. 그러므로 교회 지도자들은 성장할수록 하나님의 일을 인간적인 힘으로 하지 않도록 더욱 경계하고 근신해야 한다.

작은 교회도 힘의 논리에 빠질 수 있기는 마찬가지다. 큰 교회가 힘의 논리에 빠지면 불신앙과 교만에 빠지지만, 작은 교회는 무력감에 빠진다. 힘이 없으니 할 일이 없다고 생각한다. 하지만 작은 교회는 교회다운 일을 할 수 있는 좋은 조건에 있다고도 할 수 있다. 가장 행복했던 목회 시절이 언제였느냐는 질문에, 많은 목회자들이 개척할 때였다고 대답한다. 아무것도 없던 때, 아무 힘이 없던 때, 바로 그 때 하나님의 능력을 가장 강하게 경험하기 때문이다. 여기에 진실이 있다. 그 약함을 충만하게 누리자. 약할 때 강해진다는 바울의 고백을 경험하자.

대형 교회 목회자는 이 점에서 매우 불리하다. 세상적인 기준으로는 유리하지만, 신앙적으로는 한 순간도 긴장을 풀 수 없는 상태에 있다. 돈을 사용하지만 그 힘에 의존하지 않는 법, 권력이 있지만 그것으로 일을 이루려는 욕심을 버리는 법, 사람을 동원하면서도 사람의 힘을 의지하지 않는 법, 말 한마디로 수천 명의 교인들을 움직이면서도 자신이 아무것도 아님을 잊지 않는 법, '귀한 종'이라며 받는 극진한 대접을 사양하면서 만 원짜리 한 장 없어 눈물짓는 교인의 아픔을 느낄 수 있는 법, 이런 법을 터득해야만 대형 교회를 목회하면서도 타락하지 않을 수 있다. 영성이 그렇게 높은 경지에 이른 사람만이 대형 교회에 맞는 적임자다.

그렇지 않으면 "온 천하[교회 성장]를 얻고도 자기 목숨[참된 믿음을 통해 얻는 영생]을 잃는"(막 8:36) 불쌍한 사람이 되고 만다.

토론을 위하여

교회가 힘의 논리에 속은 결과 행하는 잘못들의 예를 들어 보라. 그것이 왜 힘의 논리에 속은 것인지를 설명하고, 하나님의 뜻에 맞는 대안을 생각해 보라. 여러 예들을 통해 힘의 논리가 가지고 있는 함정이 무엇인지 찾아 보라.

성찰을 위하여

당신 자신의 생각과 행동을 면밀히 관찰하라. 힘의 논리에 속아 잘못 처신한 것이 있다면 몇 개만 적고, '죽임당하신 어린양'이신 예수님은 어떻게 하셨을까 생각해 보라. 힘의 논리에 속지 않기 위해서는 어떻게 해야 할지 묵상하라.

더 읽을 책

리처드 포스터, 「돈, 섹스, 권력」(두란노), 3부 '권력'.

변혁: 사회 체제에 순응하는 복음은 죽은 것이다

> 자본주의는 악하다. 소위 '계몽된 자기 이해'(enlightened self-interest)에 바탕을 두고 있기 때문이다. 이것은 이기주의의 세례명이다.
> ―도널드 소퍼(Donald Soper)

기독교와 자본주의

서구 경제를 부흥시킨 프로테스탄트 경제 윤리는 '부지런히 일하면 그 대가를 얼마든지 누릴 권한이 있으니 열심히 돈을 벌라'는 말로 요약된다. 막스 베버는 이것을 '부르주아 경제 윤리'라고 불렀다. 그에 의하면 자본주의를 가능하게 한 개신교 윤리가 자본주의의 번영의 결과로 타락하여 생겨난 것이 부르주아 경제 윤리다.[1] 이 사고에 빠지면 자신의 부를 하나님이 복 주신 징표라고 여기고 빈부 차이는 하나님의 섭리라고 생각한다. 청부론은 그 골격에서 이 전통을 잇고 있다.

과연 자본주의 경제 체제를 전제하고 그 안에서 성공을 추구하는 것이 그리스도인들의 최상의 선택인가? 기독교는 처음부터 체제 순응적이거나 체제 옹호적이지 않았음을 기억하자. 기독교는 근본적으로 체제 전복적(subversive)이었다. 엘룰의 말처럼, 어떤 제도도 기독교의 이상과 완전히 일치하지 않는다.²⁾ 그러므로 기독교 신앙은 언제나 기존 제도를 비판하고 잘못된 것을 변혁시켜 가야 한다. 또한, 기독교가 체제 전복적인 성격을 잃으면 타락한 경우가 많았다. 그렇게 타락한 기독교는 체제와 야합하여 기득권자들을 옹호했다.

자본주의 경제 체제의 가장 큰 문제는 분배의 불균형에 있다. 자신이 노력한 만큼의 수입을 보장한다는 원칙은 좋으나, 적절한 통제가 없으면 가난한 사람은 가난을, 부자는 부를 대물림하는 상황에 이른다. 자본주의는 그러한 부의 편중 현상을 필요악으로 인정한다. 특히, 우리나라가 모델로 삼고 있는 미국식 자본주의는 빈부 격차를 현실로 인정하고 무한 경쟁을 부추긴다. 스콧 니어링(Scott Neering)은 자본주의의 원리를 '네가 일함으로 나는 논다'는 문장으로 요약한 바 있는데,³⁾ 미국식 자본주의에는 '놀고 먹는 사람'과 '먹기 위해 일하는 사람' 그리고 '일해도 먹기 어려운 사람'의 세 부류가 있다. 그래서 미국에는 천국과 지옥이 공존한다. 한 도시 안에서 특권층은 상상할 수 없는 사치와 향연을 벌이는 한편, 빈민들은 배고픔으로 잠을 못 이룬다.

자본주의 체제의 문제점은 몇 가지 통계를 살펴보는 것만으로도 충분히 알 수 있다. 2002년 10월 "뉴욕 타임즈"에 실린 프린스턴 대학교 폴 크루그먼 교수(Paul Krugmann)의 보고에 의하면 미국 100대 기업 CEO의 연봉은 70년도에 일반인의 39배였으나 1999년에 이르러 1,046배가 되었다고 한다. 미국 ABC 방송 회장이 받는 연봉은 미국 대통령의 현재 연봉의 2,878배라고 한다. 1992년에 미국 농구 선수 마이클 조던이 나이키 광고로 받은 개런티는 인도네시아 전역의 나이키 제조 공장에서 일하는 노동자들의 연간 임금을 모두 합한 것보다 더 높다는 통계도 있다. 2002년 "이코노믹 저널"(*Economic Journal*)에 의하면, 세계 인구 중 가장 부유한 1%(5천만 명)의 재산이 가장 가난한 60%(27억 명)의 재산보다 더 많다고 한다. 최근 "파이낸셜 타임즈"(*Financial Times*, 2002년 8월 17일자)는 미국 상위 1%가 1981년에는 미국 자산의 25%를 소유했던 것에 비해 90년대 후반에는 그 비율이 38%로 증가했다고 보도했다. 경제학자들은 이 같은 부의 편중 현상이 더욱 심해지고 있다고 증언한다. 이러한 통계는 미국식 자본주의 체제의 분배 구조가 모순의 한계점에 이르렀음을 여실히 보여 준다.

들쑥날쑥한 산이 좋다?

청부론의 문제는 이러한 병폐를 비판적으로 인식하지 못한다는 데 있다. 그 문제 상황을 어쩔 수 없는 현실로 인정할 뿐 아니라, 한 걸음 더 나아가 그것을 미화하기도 한다. 어떤 저자는 "세상이 완전히 공평하여 가난한 사람도 없고 병들고 약한 사람도 없다면, 그래서 특별히 누구의 도움이나 사랑, 섬김이 필요 없다면 세상은 얼마나 밋밋하고 재미없을까?"라든가, "강한 자도 있고 약한 자도 있는, 가난한 자도 있고 부한 자도 있는 불공평해 보이는 구조 속에서, 하나님의 의도대로 강한 자가 약한 자를 섬기며 사회주의적 평등이 줄 수 없는 아름다운 세상을 만들어 가는 것이 크리스천들이 해야 할 소임이다"[4]라고 말한다.

물론, 이 말을 한 사람은 그리스도인의 나눔 책임을 강조하려는 의도였을 것이다. 불의한 경제 구조 안에서 개인이 담당해야 할 책임을 강조한 것은 잘한 일이지만, 경제적 불균형을 '재미있고 아름다운' 것으로 미화하는 잘못을 범했다. 그것을 굳이 의도한 것이 아니라 해도, 이 말은 기득권자의 현실 인식이라는 비판을 면할 수 없다. "부(富)는 눈을 가려 현실을 제대로 보지 못하게 한다"는 말은 진실이다. 가지지 못한 사람들이 이런 말을 들으면 분노할 것이다. 가진 사람의 입장에서 보면 굴곡 있는 세상이 아름다울지 모르지만, 가지지 못한 사람의 입장에서 그런 굴곡 많은 세상은 고통스럽기 때문이다. '아름다운 세상'은 빈부의 차이가 있는 가운데 서로 돕고 사는 세상이 아니라, 빈부의 차이가 사라진 세상이다.

부자가 가난한 자를 돕는 것이 겉으로는 섬기는 것처럼 보이지만, 분배 구조를 변화시키려 하지 않는다면 오히려 그것이 교묘한 지배의 방법이 될 수도 있다. 오스 기니스의 표현대로 하면, 돕는 것이 '힘을 북돋아 주는'(empowering) 것이 아니라 '노예화하는'(enslaving) 결과를 초래하는 경우가 많다.[5] 이것은 가지지 못한 자의 병적 심리가 아니다. 헨리 데이비드 소로우는 이것을 '변질된 선행'이라고 부른다.

변질된 선행에서 풍기는 악취처럼 고약한 냄새는 없다. 그것은 인간의 썩은 고기요, 신의 썩은 고기이다. 만약 어떤 사람이 나에게 착한 일을 베풀겠다는 의식적인 목적을 가지고 내 집으로 오고 있다는 것을 내가 확실히 안다면 나는 모든 힘을 다하여 도망칠 것이다. 마치 질식할 정도로 입과 코와 귀를 먼지로 채우는 저 아라비아 사막의 열풍의 메마르고 뜨거운 바람을 피하듯이 말이다. 그가 베푸는 선행을 입었다가는 그 선행의 해독이 내 피에 섞이게 될까 나는 두려운 것이다. 차라리 나는 자연스럽게 악행의 피해를 받아들이는 것을 택하겠다.[6]

빈부의 격차가 벌어질수록 가진 자는 살기 좋아진다. 그에게 그 불평등은 아름답게 보일 수도 있다. 하지만 없는 자에게는 그런 세상이 아름답지 않다. 남을 도와줄 여력이 없으니 자괴감이 들고 스스로 누릴 물질이 없으니 육체적으로도 고통스럽다. 게다가 부한 자들에게서 섬김이라는 이름의 적선을 받을 때면 한없이 초라하게 느껴진다. 들쑥날쑥한 경제적 지형은 없는 자들에게는 견딜 수 없는 고통이다.

주의 길을 곧게 하라

게다가, 성경의 종말론적 비전을 이해한다면 빈부 격차의 현실을 미화할 수 없다. 기독교 신학은 선지자들이 예언한 종말론적 비전이 예수님의 사역을 통해 실현되었다는 전제 위에 서 있다. 그러므로 예수님을 믿는 사람들은 그 비전에 따라 살아간다. 그 비전에 따라 공동체(교회)를 이루고 전체 사회를 변혁시켜 간다. 이사야는 이러한 변혁적 비전을 이렇게 전한다.

외치는 자의 소리여 이르되
너희는 광야에서 여호와의 길을 예비하라.
사막에서 우리 하나님의 대로를 평탄하게 하라.
골짜기마다 돋우어지며
산마다, 언덕마다 낮아지며
고르지 아니한 곳이 평탄하게 되며

험한 곳이 평지가 될 것이요,
여호와의 영광이 나타나고
모든 육체가 그것을 함께 보리라.
이는 여호와의 입이 말씀하셨느니라(사 40:3-5).

이사야의 이 예언은 예수님의 사역 안에서 이루어졌다. 예수님은 이미 종말이 시작되었다는 전제하에서 새로운 삶의 자세를 요청하셨다. 빈부 차이를 인정한 채 구제를 하라고 요청하신 것이 아니라, 가진 자가 창고를 열고 높은 자가 내려오고 강한 자가 스스로 낮추기를 요청하셨다. 기존의 사회 체제가 전복되는 비전을 전하셨다. 그분은 새로운 정권을 세우는 것이 아니라 인간의 본성을 변화시킴으로 이 일을 시작하셨다. 우리는 그 비전에 따라 살도록 부름받았다.

이 비전은 '마리아의 찬가'에서도 볼 수 있다.

내 영혼이 주를 찬양하며
내 마음이 하나님 내 구주를 기뻐하였음은
그의 여종의 비천함을 돌보셨음이라.
보라 이제 후로는
만세에 나를 복이 있다 일컬으리로다.
능하신 이가 큰 일을 내게 행하셨으니
그 이름이 거룩하시며
긍휼하심이 두려워하는 자에게 대대로 이르는도다.
그의 팔로 힘을 보이사
마음의 생각이 교만한 자들을 흩으셨고

16. 변혁: 사회 체제에 순응하는 복음은 죽은 것이다

권세 있는 자를 그 위에서 내리치셨으며
비천한 자를 높이셨고
주리는 자를 좋은 것으로 배불리셨으며
부자는 빈 손으로 보내셨도다(눅 1:47-55).

많은 주석가들이 이 찬가를 영적으로만 해석해 왔다. 교만한 자들은 하나님 앞에서 낮아지고 비천한 자들은 하나님께 높임을 받는다는 식이다. 그들은 높은 자들이 내려오고, 비천한 사람이 그 처지에서 벗어나게 되는 사회적 변혁을 무시하고 있다. 이 찬가는 영적인 변혁뿐만 아니라 사회적 변혁도 내다보고 있다.

희년의 복음

사회 변혁에 대한 하나님의 관심은 구약 성경의 희년 정신에 반영되어 있다. 7년 주기의 안식년 혹은 면제년이 7회 반복되고 맞는 첫 해가 희년(禧年)이다. 즉 50년째 되는 해다. 49년째 해라고 주장하는 사람들도 있지만, 정확한 시기는 별로 중요하지 않다. 레위기 25:8-12에 의하면, 희년에는 안식년에 해야 할 모든 일(땅의 휴경과 채무의 면제)을 할 뿐 아니라, 모든 노예를 해방시켜 가족에게 돌아가게 하고 그 동안 다른 사람에게서 사들인 토지를 원주인에게 되돌려주어야 한다. 왜곡된 사회 구조를 전면적으로 개혁하는 것이다. 이렇게 함으로 다른 사람에게 몸 붙여 살아야 하는 불행과 가난을 대물림하지 않도록 했다. 이 해를 히브리어로는 '요벨'(yobel)이라고 하는데, 우리말로는 의미상 '기쁜 해' 혹은 '희년'이라고 의역했다.

희년 규정은 하나님의 정의가 인간 사회에 온전히 실현되도록 부단히 노력하기를 요청한다. 따라서 희년 정신은 기존의 어떤 사회 체제도 완전하지 않다는 인식하에 더 정의로운 체제와 제도를 연구하고 실험하고 정착시켜 가는 것이다.

생각해 보면, 50년째 해가 다가온다는 사실은 가지지 못한 사람들에게는 기쁜 소식이지만 기득권자들에게는 재앙과도 같은 일이다. 가난한 자들에게는 '희년'이지만 기득권자들에게는 '비년'(悲年)이 될 수 있다. 하나님이 베푸신 무상의 은혜를 생각한다면 가진 자들도 기쁜 마음으로 노예를 풀어 주고 토지를 돌려 줄 것이다. 그러면 그들에게도 '희년'이 된다. 하지만 하나님의 은혜를 그토록 충만하게 품고 살기란 쉽지 않으므로, 대개의 부자들은 희년 규정을 부담스러워하며 외면하고 싶었을 것이다. 이스라엘 역사상 이 규정이 실제로 실행된 적이 없다는 것이 학계의 정설이다. 이 법이 실행되려면 권력을 가진 사람들이 결단을 내려야 하는데, 희년법을 실행했을 때 가장 큰 피해를 입는 것이 바로 권력자들 자신이었으니 잘 될 리가 없었다.

누가복음 4:16-19에 의하면, 예수님은 나사렛 회당에서 설교를 요청받고 이사야 61장 말씀을 읽으신다. 하나님이 한 사람을 택해 성령으로 기름부어 보내셔서 희년 정신을 실현하게 될 것이라는 예언이다. 이 예언을 읽으신 후 예수님은 "이 글이 오늘 너희 귀에 응하였느니라"(눅 4:21)고 말씀하신다. 다시 말하면, 그분 자신이 하나님이 보낸 메시아이며, 메시아로서 그분의 사명은 희년 정신을 인류 사회에 실현하는 것이라는 뜻이다. 이 맥락에서 보면 예수님의 사역은 '희년 사역'이었다. 예수님은 희년 정신을 이루기 위해 일하셨고, 교회는 예수님의 희년 사역을 계승한 공동체인 셈이다.

희년 정신을 영적인 차원으로만 혹은 개인적인 차원으로만 해석해서는 안 된다. 처음부터 그것은 사회적 차원의 규정이었고, 예수님도 사회적 차원에서 그 정신을 실현하려 하셨다. 다만, 개혁의 출발점을 사회 구조에서 보지 않으시고 인간의 본성에서 보셨다. 그래서 예수님의 사회적 관심을 과소 평가하는 사람들이 많다. 그것은 예수님을 오해한 것이다. 예수님은 인간의 한 측면에만 관심을 두지 않으셨다. 사회 구조의 문제는 예수님께 매우 중요한 관심사였다. 이 문제에 대해 가장 두드러진 공헌을 한 사람이 메노나이트파 신학자 존 하워드 요더(John Howard Yoder)다. 그는 이 선언의 의미에 대해 아주 투박하게 다음과 같이 단언한다.

> 그것은 하나님의 백성들 사이에서 일어나야 할 사회적·정치적·경제적 구조 조정을 의미한다. 하나님은 성령으로 기름부어 무장시킨 예수님의 인격 안에서 역사에 개입하심으로써 이 일을 이루신다.[7]

이런 이유로 누가복음에는 경제 문제에 대한 말씀과 사건들이 많이 나온다. 가진 자가 창고를 열어 가난한 자와 나누고, 높은 자가 낮아져 비천한 자들과 함께 앉고, 강한 자가 낮아져 약한 자 곁에 서는 사회적 비전을 제시한다.

예수님은 '지금'이 희년이라고 말씀하신다. 순간 순간 다가오는 '지금'이 하나님의 뜻을 실현해야 할 때라는 것이다. 내일을 기약하는 것은 사단에게 속는 것이다.[8] 오늘 우리에게 맡겨진 희년 사역을 실천해야 한다. 이 사역은 개인적이고 영적인 문제에

만 국한되지 않고 사회 전반에 실행되어야 한다. 바로 이것이 복음의 사회 전복적 성격이다. 사회 개혁에 대한 관심을 잃은 복음은 죽은 것이다. 사회 개혁이 복음의 전부는 아니지만, 사회 개혁이라는 결과가 없는 복음은 왜곡된 복음이다. 요더의 말을 인용하자면, "믿는다는 것은 곧 정치하는 것이다." 영성이 높아질수록 사회 문제에 대한 의식은 더 강해져야 마땅하다.

토론을 위하여

현재 우리 사회 체제를 기독교적 이상에 비추어 평가해 보라. 우리가 표방하고 있는 민주 정치 제도가 기독교 이상과 어긋나는 점은 무엇인가? 시장 경제 체제가 기독교적 이상에 위배되는 점은 무엇인가? 그것을 어떻게 좀더 정의롭게 개선할 수 있겠는가?

성찰을 위하여

사회 체제의 부조리를 통해 이익을 본 경험이 있는가? 사회 체제를 변혁시키기 위해 당신의 기득권을 포기할 용의가 있는가? 구체적으로 한 가지만 생각해 보라. 하나님이 당신이 포기하기 원하시는 기득권은 무엇이며, 그것을 포기할 때 어떤 변화가 있을지 생각해 보라. 그 문제를 위해 기도하고, 확신이 서면 실행하라.

더 읽을 책

도널드 크레이빌, 「돈, 교회, 권력 그리고 하나님의 나라」(요단).

실천 : 주님은 삶의 모든 영역에 관심을 가지신다

> 안식일의 논리, 희년의 논리는 하나님의 충만한 은혜의 논리다. 하나님의 넘치는 공급하심에 인색함이란 없다. 오히려 어리석어 보일 정도로 넉넉한 나눔이 있을 뿐이다.
> ―제럴딘 스미스(Geraldine Smyth)

넥타이 안 매는 목사

나는 얼마 전부터 가난한 삶이 더 자유롭고 행복한 것임을 깨닫고 삶의 규모를 줄여 가고 있다(아직 지극히 초보적인 단계이므로 이렇게 말하는 것이 조심스럽다). 최근 몇 년 동안 옷을 산 기억이 별로 없고, 비싸고 달콤한 음식보다 소박하고 검소한 식탁을 찾는다. 고기만 차려 놓고 배불리 먹는 일을 그만둔 지도 수년이 되었다. 지나치게 비싼 식당에 초청받으면 거북하고 부담스럽다. 교회에서 저녁 특강 초청을 받으면 대개 혼자 저녁 식사를 해결하고 간다. 강사 대접을 최고급으로 하는 것을 미덕으로 아는 한국 교회는 대개 비싼 음식점으로 안내한다. 개인적으로나 교회적으로 한 끼 음식에 그렇게 많은 돈을 사용하는 것은 옳지 않다고 믿는다.

이 변화는 몇 해 전 방글라데시의 감리교 신학교에 봉사하러 갔다가 충격을 받으면서 시작되었다. 공항 광장과 도로 옆에 줄지어 서 있는 수많은 걸인들의 모습도 충격이었지만, 신학교 주변의 농가를 둘러보면서 더 큰 충격을 받았다. 부엌 하나, 방 하나의 작은 토담집에서 그들은 아주 만족하며 살고 있었다. 대도시 길가에 늘어선 걸인들을 보며 나는 '내가 이들의 몫을 훔치지 않았는가?' 하는 생각을 했고, 농가 주민들을 보며 '이렇게 검소하게 살면서도 얼마든지 행복할 수 있구나!' 하는 생각을 했다. 그 이후 나는 삶의 규모를 줄이기 시작했다.

집으로 돌아와 옷장을 열었더니 수십 개의 넥타이가 제일 먼저 눈에 거슬렸다. 주로 학생들이나 교우들이 선물한 것이다. 30개 정도 되는 넥타이들은 보통 5-10만 원에 해당하는 것들이었다. 3만 원이면 방글라데시에서는 4인 가족의 한 달 생활비다. 그렇다면 나는 300가구가 한 달 먹을 수 있는 돈을 넥타이에 묶어두고 있었던 셈이다. 넥타이를 매지 않는다고 문제 될 것은 없다. 그것은 단지 멋을 내기 위한 것이다. 안 해도 상관없는 장식을 위해 그 많은 돈을 사용하는 것이 옳지 않다고 생각했다. 나는 그 이후로 넥타이를 매지 않는다.

넥타이 매는 것을 정죄하려는 뜻은 아니다. 내 결심은 넥타이 선물을 많이 받게 되는 특별한 상황에서 이루어진 것이다. 넥타이를 매지 않는 것은 스스로에게 하는 다짐의 표현이다. 정장을 할 때마다 넥타이가 있을 자리를 보면서 불필요한 소비를 줄이고 검소하게 살겠다고 새롭게 다짐하는 것이다. 나는 다른 사람이 넥타이 매는 것에 대해 가타부타 하고 싶지 않다. 또 내 상황이 바뀌어 넥타이가 꼭 필요하다고 생각되면 두세 개를 장만해 사용할 것이다.

이 여행 이후로 나 자신을 위한 소비를 줄이고 소유를 나누어야 한다는 마음의 끌림이 더 강해졌다. 이것이 희년 정신을 개인적 차원에서 실현하는 방법이라고 믿고 할 수 있는 대로 노력한다. 성령께서는 더 많이 하도록 나를 강권하시지만, 아직 내 본성이 끄는 힘도 만만치 않기에 빚진 마음이 크다. 내가 더 성장하여 희년 정신을 더 충만하게 실현하기를 늘 기도한다.

조직 안에서의 희년 정신 실현

희년 정신을 실현하는 것은 개인적인 차원에서만 할 일이 아니다. 자신이 속한 조직 안에서 그 정신을 실현하도록 노력해야 한다. 이것은 다른 사람들을 설득해야 하기 때문에 만만치 않은 일이다. 한 사람의 개인적인 결심이 다른 사람의 삶에 영향을 미치기 때문이다. 내가 아는 몇 가지 예가 있다.

천안에 있는 한 젊은 목회자는 부임하자마자 목양실을 회의실로 개조하고 자기 책상을 직원들이 근무하는 방 한 켠에 내다 놓았다. 몇 년 전 강의하러 이 교회에 갔었는데, 담임 목사의 개인 방도 없고 책상 크기가 다른 직원의 것과 같다는 데 놀랐다. 우리 조직 사회에서는 집무실과 책상의 크기에 따라 서열이 매겨지는 게 관례인데, 그는 그것을 과감히 거부했다. 그는 태도가 매우 당당해 보였는데, 그 당당함은 형식적 권위를 거부한 데서 나오는 것 같았다.

교회 직원들에게 독특한 급여 체계를 적용하고 있는 어느 목회자의 이야기도 유명하다. 한국 교회의 관행은 담임 목사의 급여가 제일 높고 사무원이나 사찰 집사의 급여가 가장 낮다. 자본주의 관행에 익숙한 우리는 여기에 이의를 제기하지 않는다. 하지만 그는 복음적 정신에 따라 전혀 다른 체계를 만들었다. 직원 한 사람의 한 달 생활비를 일률적으로 정하고 그 액수에 가족 수를 곱하여 월급을 책정했다. 한 사람의 적정 생활비가 70만 원이라면, 4인 가족의 경우 280만 원을 받는 것이다. 이 이야기를 보도한 기사에 의하면, 노부모를 모시고 사는 사찰의 급여가 가장 많았고 자녀들을 모두 출가시키고 부부만 남은 담임 목사의 급여가 가장 적었다고 했다.

이 두 가지 예는 희년 정신을 하나의 조직 안에 실현한 좋은 예다. 꼭 위와 같이 해야 한다는 뜻은 아니다. 목적은 하나라도 그것을 이루는 방법은 다양하다. 자본주의 체제의 모순을 개선시켜 좀더 많은 사람들에게 정의가 실현되게 하는 것이 목적이라면, 그것을 이루는 제도적 장치는 다양할 수 있다. 깨어 있는 그리스도인이라면 사회가 관례적으로 제공한 기득권을 사양하고 정의가 더 널리 실현되도록 계속 실험해야 한다.

앞의 두 경우가 모두 성공할 수 있었던 이유를 나는 크게 두 가지로 본다. 첫째, 구성원들이 그 정책의 복음적 성격을 충분히 이해하고 받아들였기 때문이다. 둘째, 지도자가 앞장서서 모범을 보였기 때문이다. 다른 사람에게는 새로운 체계를 적용하면서 자신은 예외로 했다면 그 조직은 곧 깨져 버렸을 것이다. 두 경우 모두 가장 큰 물질적 손실을 본 사람들은 지도자들이었다. 그들이 관행에 따른 권리를 스스로 포기했을 때 다른 구성원들이 감동하고 따랐다. 이 점 역시 공산주의와 다르다. 공산주의 체제에서 일부 특권층은 노동자와 농민을 착취한 대가로 호의호식했다. 한 조직의 지도자가 복음의 원리에 따라 결단할 때 그 조직 전체가 복음적으로 변화할 수 있다.

내 경험이 교회와 학교에 제한되어 있기 때문에 일반 사회 조직의 예를 구체적으로 들지 못하는 것이 아쉽다. 나는 이러한 의미 있는 개혁이 교회나 학교 같은 특수한 조직에서만 가능하다고 믿지 않는다. 일반 조직 사회에서도 구성원들의 동의를 이끌어낸다면 이 같은 개혁이 불가능한 것은 아니며, 실제로 그런 조직이 꽤 있을 것이다. 이러한 노력이 말처럼 쉽지 않음을 알고 있다. 사람들은 웬만해서는 자신의 권리를 포기하려 하지 않으며, 현실은 너무나 복잡하기 때문이다. 그러나 그렇다고 해서 노력을 아예 포기하거나, 반대로 지도자가 독단적으로 행동하는 것은 둘 다 불행한 일이다. 나는 시행 착오를 거치며 뼈를 깎는 고통을 감수하면서 이러한 실험을 지속하는 사람들을 존경하며, 그런 이들이 조금씩이라도 늘어나기를 바란다.

연대할 책임

우리는 희년 정신을 개인적 차원과 교회적 차원에서 실현하는 것으로 만족해서는 안 된다. 그 정신이 사회 제도 안에 실현되도록 노력해야 한다. 희년 정신은 모든 사람이 행복한 정의로운 사회를 만드는 데 가장 좋은 사상적 기초다. 칼 마르크스는 이 정신을 사회적으로 실현시키기 위한 사상적 이론을 세웠다. 그 이상은 고귀하고 제도는 탁월했다. 그러나 단순화하자면, 그는 그 이상과 제도를 실현할 수 있는 정신적 바탕을 소홀히 했다. 경제학자, 심리학자, 신학자들이 공통적으로 증언하듯, 인간의 이기심이 해결되지 않고는 강제적으로 이 이상을 실현시킬 수 없다.

현실을 있는 그대로 보는 것이 중요하다. 희년 정신이 사회 구석구석에 실현된다면 좋겠지만, 모든 인간의 본성이 그리스도의 영으로 치료되지 않으면 불가능하다. 그 이전까지는 인간의 이기적 본성을 인정한 상태에서 가장 정의로운 제도를 만들어 실천하는 방법밖에 없다. 갈브레이드가 말한 '완전하지는 않지만 실현 가능한 최선의 제도'(the achievable, not the perfect, system)가 그런 것이다.[1]

이 일은 희년 정신에 헌신한 개인들의 노력만으로는 한계가 있다. 이 정신에 헌신한 개인과 교회가 연대해야 한다. 우리 사회의 제도와 관행들을 비판적으로 살피고 잘못된 것을 고쳐 나가는 공동체적 노력이 있어야 한다. 교회는 자체 성장에만 몰두하지 말고 사회적·역사적 의식을 가지고 힘을 모아야 한다. 목회자를 '영적 지도자'라고 부르는 것은 성소 안에만 갇혀 있으라는 뜻이 아니다. 영적인 영역이 목회의 우선적인 대상이라는 뜻이다. 영적인 변화를 통해 삶의 모든 영역이 변화하도록 이끄는 것이 목회의 과제다. 오스 기니스는 "예수님은 '종교 지도자'가 아니라 삶 전체의 주님이시다"[2]라고 말했는데, 바꾸어 말하면 목회자는 종교 지도자가 아니라 삶 전체의 지도자라야 한다는 말이 된다. 한국 목회자들은 이 점에서 반성할 점이 많다고 생각한다.

목회자들은 예언자적 의식으로 사회 관행과 제도를 지켜보고 문제를 발견할 수 있어야 한다. 그 문제를 희년 정신의 빛에서 파악하여 좀더 바람직한 대안을 마련하고 그 대안을 실현시킬 수 있도록 연대해야 한다. 브라질 대주교 헬더 카마라(Helder Camara)는 "내가 가난한 사람들을 위해 일할 때 사람들이 나를 성자로 여기더니, 부조리한 제도를 개혁하려 하자 나를 공산주의자로 몰았다"고 말한 적이 있다. 기존 제도를 문제 삼는 것은 이토록 위험한 일이다. 그러므로 그리스도인들이 같은 비전으로 연대하는 것이 필요하다. 시민 단체에 참여할 수도 있고 사안에 따라 교회끼리 연대할 수도 있다. 한국 교회는 교리나 교회의 이권을 침해하는 제도와 관행에 대해서는 목숨 걸고 대항하지만, 정작 희년 정신에 관계된 사회·경제적 문제에 대해서는 별 관심이 없다.

이 점에서 주목할 만한 두 사람이 있다. 한 사람은 간디와 함께 활동했던 인도의 정신적 지도자 비노바 바베(Vinoba Bhave)요, 다른 한 사람은 방글라데시의 경제학자 무함마드 유누스(Muhammad Yunus) 교수다.

비노바 바베는 인도 독립 이후 20여 년 동안 인도 전역을 돌아다니며 '부단 운동'(Bhoodan Movement)을 이끌었다. 그 운동은 대지주들을 설득하여 필요한 만큼의 땅만 남기고 나머지를 가난한 동포들에게 내어 주도록 하는 운동이었다. 인간의 이기심을 생각하면 가당치도 않은 시도였다. 그러나 오직 진리와 영성의 힘으로 대지주들을 설득한 결과, 그는 마침내 스코틀랜드의 국토 만한 엄청난 토지를 가난한 사람들에게 되돌려 주었다.[3]

무함마드 유누스는 경제학 이론을 현장에 적용하여 가난한 사람들을 위한 '그라민 프로젝트'(Grameen Project)를 방글라데시에서 시작했다. 그는 은행을 설립하고 일반적인 은행 영업 관행과 전혀 다른 방식으로 운영했다. 그 독특한 운영 방식은 가난한 사람들이 자립할 때까지 실제적인 도움을 주자는 데 목적이 있었는데, 처음에는 거의 모든 사람들이 그 은행의 미래에 대해 비관했다. 담보도 없이 극빈자를 찾아 돈을 빌려주는 은행이 번창하리라고 생각할 사람이 어디 있겠는가? 하지만 이 은행은 지난 20여 년 동안 지속적으로 성장해 왔으며, 그 사례가 여러 나라들에게로 퍼져 가난을 구제하는 데 큰 공헌을 하고 있다.

　이 두 사람은 그리스도인이 아니다. 비노바 바베는 힌두교에 뿌리를 둔 사람이었고, 무함마드 유누스는 이슬람 교도다. 하지만 이 두 사람이 이룬 일은 우리가 앞에서 희년 정신이라고 부른 바로 그 정신과 일치한다. 하나님이 희년 법을 주시면서 기대하신 일을 이 두 사람은 훌륭하게 이루어 냈다. 이들이 보여 준 가난한 사람들에 대한 지극한 관심, 가난을 양산하는 사회 구조에 대한 날카로운 문제 의식, 그 문제를 해결하기 위한 실제적이고 효과적인 정책 개발 그리고 그 정책을 실현시키기 위한 불굴의 투지와 노력은 모든 그리스도인들에게 귀감이 아닐 수 없다.

　유사한 예를 우리 나라 역사에서도 찾아볼 수 있다. 조국의 독립을 위해 힘쓴 동시에 남대문 시장의 천민들을 위해 생을 바친 전덕기 목사, '맨발의 성자'로 불린 동광원 설립자 이현필 선생, '문둥이 성자'로 알려진 최흥종 목사는 가난의 문제를 신앙의 핵심 문제로 알고 헌신했던 대표적 모델이다. 좀더 가까운 예로 가나안 농군학교의 설립자인 김용기 장로, 음성 꽃동네 오웅진 신부, 두레 마을 김진홍 목사, 다일 공동체 최일도 목사가 있다. 이들 역시 복음의 정신에 바탕하여 가난의 문제를 붙들고 평생 씨름했고 또 씨름하고 있는 사람들이다. 100년 남짓한 짧은 기독교 역사 동안 이러한 인물들이 배출되었다는 사실은 한국 교회의 자랑이요 기쁨이다. 다만 아쉬운 것은 이 문제 의식이 그리스도인들에게 보편화되지 못했다는 점이다. 오히려 한국 교회의 주류는 청부론의 깃발 아래 풍요를 구가하는 방향으로 흐르고 있다. 이 흐름을 돌이키지 않으면 한국 교회는 희망이 없으며, 교회에 희망이 없으면 그 사회도 별 희망을 가질 수 없다. 그리스도인들의

17. 실천: 주님은 삶의 모든 영역에 관심을 가지신다

대각성이 필요한 이유가 여기에 있다.

쉐이커타운 서약

1973년 4월, 미국 켄터키 주 렉싱턴에 있는 쉐이커타운에서 수양관 운영자들의 모임이 열렸다. 매년 열리는 모임이었지만, 이 해에는 특별한 점이 있었다. 참석한 사람들은 당시 미국 교계 상황에 대해 우려하면서 고민을 함께했고, 그 결과 좀더 주도면밀하고 철저한 의식과 실천의 필요성에 동의했다. 이 논의와 고민이 인디애나 리치몬드에 있는 요크펠로우 연구소(Yokefellow Institute)에서 구체화되어 소위 '쉐이커타운 서약'(The Shakertown Pledge)이 만들어졌다. 다음에 인용하는 이 서약은 기독교 신앙의 사회적 의식과 실천 의지를 요약한 것으로서 지금까지 가장 모범적인 것으로 인정받고 있다.[4]

나는 지구와 그 안에 있는 모든 것이 자비로운 우리 하나님의 선물임을 인정한다. 또한 나는 지구 자원을 귀중히 여기고 보호하며 애정 깊은 보살핌을 제공하도록 부름받았음을 믿는다. 더 나아가 나는 생명 자체가 선물이며 동시에 책임과 기쁨과 축제를 위한 부르심임을 믿는다. 이런 믿음에 근거하여 나는 다음과 같이 선언한다.

1. 나는 세계 시민임을 선언한다.
2. 나는 생태계와 조화를 이루는 건전한 삶을 살기로 다짐한다.
3. 나는 단순한 삶을 창조적으로 살고 내 개인적 부를 세계의 가난한 사람들과 공유하기로 다짐한다.

4. 나는 사회 제도를 변혁함으로 좀더 정의로운 사회를 만들어 모든 사람들이 육체적·정서적·정신적·영적 성장을 위해 필요한 자원들을 자유롭게 사용할 수 있도록 하기 위해 다른 사람들과 협력할 것을 다짐한다.
5. 나는 내 직업에 따르는 책임을 다함으로 다른 사람들에게 해를 끼치는 제품 생산을 피하도록 힘쓸 것을 다짐한다.
6. 나는 내 몸이 하나님의 선물임을 믿고 적당한 영양을 공급하여 건강을 유지하도록 힘쓸 것을 다짐한다.
7. 나는 다른 사람과의 관계를 지속적으로 살핌으로 내 주변에 있는 사람들에게 정직하게, 윤리적으로 그리고 사랑 깊은 마음으로 대할 것을 다짐한다.
8. 나는 기도와 묵상과 연구를 통해 개인적 갱신에 힘쓸 것을 다짐한다.
9. 나는 신앙 공동체에 책임적으로 참여할 것을 다짐한다.

이 서약은 지금까지 미국의 의식 있는 그리스도인들의 표준적인 삶의 지침으로 인정받고 있다. 실로 이 아홉 가지 항목은 그리스도인이 받은 부르심의 구체적 내용을 잘 요약해 놓았다. 지금까지 내가 말한 내용들도 대부분 이 아홉 항목 안에 포함되어 있다. 그렇기 때문에 이 서약문으로 마지막 장을 마무리하려는 것이다. 이 서약처럼 그리스도인의 의식과 실천이 새로운 단계로 도약할 필요가 있다. 그것이 하나님의 고귀한 부르심을 따르는 자의 마땅한 태도다.

그리스도인의 삶의 목적은 "세상 안에 있으나 세상에 속하지 않는"(요 17:15-16) 것이며, 이 세상에서 "이방인으로 사는 것"

17. 실천: 주님은 삶의 모든 영역에 관심을 가지신다

(벧전 2:11)이다. 희년 정신을 개인적 차원에서, 교회적 차원에서 그리고 사회적 차원에서 실현시키는 것이다. 새 하늘과 새 땅이 이루어지면 높은 곳과 낮은 곳, 강한 것과 약한 것이 고르게 조정될 것이다. 희년 정신이 완전하게 그리고 모든 차원에서 실현될 것이다. 그 때까지 그리스도인들은 매 순간 다가오는 '영원한 오늘'에 살면서 그 정신을 실현하기 위해 노력해야 한다.

토론을 위하여

본문에 제시된 예처럼 희년 정신을 개인적으로 혹은 제도적으로 적용한 유사한 예를 들어 보라. 그 예가 어떤 점에서 희년 정신에 일치되는지 설명하라. 그 시도로서 누가 어떤 손해를 입었는지도 생각해 보라.

성찰을 위하여

'쉐이커타운 서약문'을 성경 표지 안쪽에 붙여 두고 기도할 때마다 읽고 다짐하고 실천하자.

더 읽을 책

로날드 사이더, 「가난한 시대를 사는 부유한 그리스도인」(IVP).

마치는 말: 누가 바늘귀를 통과할까?

낙타가 바늘귀로 들어가는 것이 부자가 하나님의 나라에 들어가는 것보다 쉬우니라.
—예수님

하나님은 전부를 요구하신다

앤드류 린지(Andrew Linzey)는 "깨끗하다는 의식은 상상이 만들어 낸 허구이거나 슈바이처가 말한 대로 악마의 장난이다"[1] 라고 지적한 바 있다. '깨끗하다'는 말이 '나는 할 일을 다 했다. 더 이상의 책임도, 의무도 없다'는 뜻이라면, 그 말은 기독교 신앙에 위배된다는 말이다. 아무리 죄를 씻어 내도 우리는 여전히 죄인이요, 아무리 많은 선을 행해도 선행의 의무가 면제되지 않기 때문이다. 거룩한 삶에 대한 하나님의 부르심은 너무나 높고 넓기 때문에 우리로서는 '이만하면 됐다'거나 '나는 할 만큼 했다'고 말할 수 없다. 오히려, 여러 영성가들의 글에서 보듯, 부르심을 많이 이루면 이룰수록 하나님은 더 높은 경지로 부르신다. 그러므로 바울이 말한 대로 어디에 이르렀든지 그것을 출발점으로 생각하고 부단히 앞으로 나아갈 뿐이다.

　이것은 경제적인 면에도 똑같이 적용된다. 사회적 기준에 의해 어떤 사람이 '부자'라고 불린다면 그는 더 이상 깨끗할 수 없다. 사람들 앞에서도 그렇고 하나님 앞에서는 더욱 그렇다. 성경적으로 보거나 사회적으로 보거나 '부자'라는 이름이 붙은 이상 그는 깨끗할 수도, 정의로울 수도, 경건할 수도 없다. 그 이유는 두 가지로 요약된다.

　첫째, 하나님은 우리의 마음 전부를 요청하신다. 예수님은 우리의 물질적 요구를 외면하지 않으셨다. 하지만 그분은 물질에 대한 마음을 '전부' 거두도록 요청하신다. 마음의 일부는 물질에 두고 일부는 하나님께 둘 수 없다는 것이다. 물질과 하나님은 우리의 마음 전부를 요구한다. 우리는 어느 한 편을 택할 수밖에 없다. 다시 한 번 강조하지만, 하나님을 잘 섬겨 물질적으로 복을 받자는 것은 교묘한 속임수다. 결국 물질을 섬기고 하나님을 이용하게 된다. 예수님이 요청하신 것처럼 마음 전부를 하나님께 드릴 때 물질에 대한 바른 시각이 생기고 제대로 관리하고 사용할 수 있는 능력이 생긴다.

　둘째, 하나님은 마음 전부만이 아니라 물질 전부를 요청하신다. 우리 손에 들어온 모든 물질이 본래 하나님에게서 온 것임을 인정하고 모든 물질을 하나님의 뜻대로 사용하라고 하신다. 십분의 일만이 하나님 것이 아니다. 일부를 떼어 구제했다고 의무를 다한 것이 아니다. 하나님이 주신 물질을 자신만을 위해 사용하는 것은 우리 자신을 타락시킬 뿐 아니라 다른 사람의 몫을 훔치는 일이다. 그리스도인은 자신의 수입 가운데 다른 사람의 몫을 제한 나머지를 가지고 살아가는 것이 아니라 자신의 몫을 제한 나머지를 나누어야 한다. '내 몫'은 각자가 하나님 앞에서 정직하게 정해야 하지만, 신앙이 성숙할수록 자신의 몫에 대한 주장은 작아질 것이다. 이렇듯 하나님은 우리 존재 전부를 요청하시기 때문에 그 요청에 정직하게 응한다면 사회적 기준으로 부자가 될 수 없다는 것이다.

바늘귀를 통과한 부자

예수님이 "낙타가 바늘귀로 들어가는 것이 부자가 하나님의 나라에 들어가는 것보다 쉬우니라"(마 19:24)고 말씀하시자, 제자들이 몹시 놀라며 "그렇다면 누가 구원을 얻을 수 있으리이까?"라고 물었다. 당시 유대교의 사고에 의하면 부자는 '하나님 나라 입장권'을 확보한 사람들이었기 때문이다. 그러므로 제자들의 질문은 "부자도 하나님 나라에 못 들어간다면 과연 누가 들어가겠는가? 그렇다면 웬만큼 재산을 가진 사람들은 아무도 들어갈 수 없다는 뜻이 아닌가?"라는 것이었다.

이 질문에 대해 예수님은 "사람으로는 할 수 없으나 하나님으로서는 다 하실 수 있느니라"고 대답하셨다. 이 대답은, 첫째, 구원은 하나님이 주시는 은혜라는 뜻이다. 당시 유대인들이 생각했듯, 구원은 공적을 쌓음으로 살 수 있는 것이 아니라 하나님과의 관계 속에서 받는 선물이라는 말이다. 둘째, 이 대답은 부자 스스로는 하나님 나라에 들어갈 수 없지만 하나님은 그렇게 만드실 수 있다는 뜻이다. 세리장 삭개오가 스스로의 힘으로는 하나님 나라에 들어갈 수 없었지만 예수님을 통해 변화되자 들어갈 수 있었다(눅 19:1-10). 이처럼 하나님의 능력을 입으면 부자도 하나님 나라에 들어갈 수 있다는 뜻이다.

낙타가 바늘귀로 들어갈 수 있을 만큼 작아지는 것도 불가능하지만, 부자가 하나님 나라에 적합하도록 스스로 변화되는 것도 불가능하다. 하지만 하나님은 둘 다 하실 수 있다. 하나님께서는 낙타를 축소시켜 바늘귀로 통과시키는 것보다 부자를 회개시켜 하나님 나라에 들어가게 하는 일이 훨씬 더 쉬울 것 같다. 부자로 남기를 고집하는 사람을 하나님 나라로 들어가게 하려면 그 문을 크게 하는 수밖에 없는데, 그것은 하나님이 원하시는 일이 아니다. 하나님은 바늘귀를 그대로 두고 낙타를 변화시키기 원하신다. 하나님이 우리에게 깨우침을 주시고 눈을 열어 주시고 힘을 주시면 우리는 바늘귀를 통과할 수 있을 만큼 작아질 수 있다. 사람으로서는 이 일을 할 수 없다. 하나님이 우리의 본성을 변화시켜 주시고 의지를 견고하게 하실 때 이 일이 일어난다. 기독교 2,000년 역사 속에 '바늘귀를 통과한 부자'들은 많이 있었다. 그들은 스스로를 '깨끗한 부자'로 생각하고 마음껏 누리는 사람들이 아니었다. 나는 사람들이 청부론으로 오도되어 자신을 실제보다 작게 생각하고 마지막 날 바늘귀 앞에서 낭패를 볼까 염려한다.

그리스도 안에서 새로운 자아를 발견하고 그분의 영에 동화되어 살아가는 사람은 부자 되기를 바라지 않는다. 그는 진정한 행복이 육신의 욕구를 충족시키는 데 있지 않음을 안다. 진정한 행복은 하나님과 깊은 사귐을 나누고 그분의 진리와 사랑으로 변화되어 이웃을 위한 부르심에 응답하는 데 있다. 그리스도의 영으로 자신을 비우고 낮추는 것이 참된 행복의 길이다. 예수님처럼 다른 생명들과 자신이 하나임을 깨닫고 모든 생명이 함께 행복해지는 길을 찾는다. 예수님처럼 할 수 있는 한 삶의 규모를 줄이고 단순하게 살아가는 것을 소망한다. 그 삶에 이르러야 진리가 보이고 사랑의 능력이 생긴다. 더 단순하게, 더 가난하게 사는 것이 부르심을 받은 자의 고귀한 소명임을 안다. 그렇게 할 때 하나님 나라의 좁은 문을 통과할 수 있다.

우리는 한걸음에 이 부르심을 완전하게 이룰 수 없다. 영성이 충분히 성숙하지 않았는데 충동적으로 자신의 소유를 다 털어 나눈다면 필경 후회할 것이다. 예수님이 요구하신 것은 할 수 없는 일을 의무감으로 하라는 것이 아니다. 제도적으로 있는 자의 것을 빼앗아 없는 자에게 나눠 주라는 것도 아니다. 예수님은 '영성적 가난'과 '영성적 나눔'을 말씀하셨다. 우리의 영성이 그만큼 성숙해야 한다. 나 자신, 내가 지금 이만큼 부자인 것은 내 영성의 약함 때문이라고 생각한다. 나는 내가 더욱 성숙하여 더 많이 나누기를 소망한다. 하나님과의 진정한 사귐이 지속되면 이 소망이 이루어질 것이다. 그래서 서두르지 않는다. 지금 할 수 있는 일을 하면서 더욱 영적 생활에 정진한다. 부족하지만 지금 이 상태에 이른 것이 영성 성장의 결과임을 스스로 분명히 알기 때문이다.

작지만 간절한 소망

사회학자들 사이에 회자되는 유명한 말이 있다. "한 사람의 사상은 그 사람의 경제적 상황을 반영한다"는 것이다. 어떤 사람도 자신의 경제적 상황을 벗어날 수 없고, 그가 주장하는 진리는 그가 처한 상황을 옹호하고 대변하게 되어 있다는 뜻이다. 그러므로 누구의 주장도 절대 진리일 수 없다. 한국 사회의 일반적 기준에서 나는 대단한 부자도 아니지만 그렇게 가난한 사람도 아니다. 그렇다면 나는 내가 가지고 있는 부의 양만큼 진실을 못 보고 있을 가능성이 크다. 나는 그 누구도 진리를 독점하고 있지 않다는 것을 인정한다. 그러므로 이 글이 최종적인 진리 선언이 아님을 인정한다. 나는 이 글이 기독교계에 건강한 토론을 촉발시키기 바란다. 활발한 토론이 일어나 나의 부족함도 보완되기 바란다. 그런 과정에서 이 문제에 대한 그리스도인의 의식이 한층 높아지기를 간절히 바란다.

동시에 나는 루이스가 「고통의 문제」(*The Problem of Pain*)의 서문에서 인용한 월터 힐튼(Walter Hilton)의 말을 다시 인용하고자 한다. "내 말이 주는 참된 인상과 실제 내 모습이 너무 동떨어져 있다는 느낌 때문에, 오직 소리를 높여 자비를 구하며 있는 힘껏 그렇게 되기를 갈망하는 수밖에" 없다.[2] 이 글을 마감하는 내 심정은 이 말로 다 표현되었다. 정말 그렇다! 이 글로써 나는 '나 이상의 무엇'으로 독자에게 비춰질 것이 분명하다. 즉, 이 글이 주는 인상만큼 내가 가난하지 않다는 것이다. 의도하지 않은 그 '허위'에 대해 내가 할 수 있는 말은 "할 수 있는 한 나도 그렇게 하겠다"는 약속뿐이다. 나는 독자와 별로 다르지 않다. 나도 독자와 마찬가지로 진리 앞에 벌거벗고 서 있다.

마지막으로 내가 머물고 있는 뉴저지 지역 어느 부유층 백인 교회 예배에 참석하고 돌아와 기도 일기에 적은 기도문을 옮겨 적으며 마치겠다.

아버지,
저를 소수 유색 인종으로 나게 하셔서
인종 차별의 질병을 예방해 주시니 감사합니다.
강한 자, 다수의 편에서 차별하는 것보다

약한 자, 소수의 편에서 차별당하는 것이
차라리 행복합니다.
차별하는 죄를 피할 수 있어 행복하고
진실을 볼 수 있는 눈이 뜨여 행복합니다.
이 복에 감사드립니다.

아버지,
저를 부한 집 자손으로 나게 하지 않으시고
부에 집착하지 않게 하심도 감사합니다.
호의호식하고 베풀며 사는 것보다
소박하게 살며
베풂의 대상으로 내려앉는 것이 더 행복합니다.
남의 몫을 가로채는 죄를 범하지 않으니 행복하고
부로 인해 눈이 가려지지 않으니 행복합니다.
이 복에 감사드립니다.

아버지,
저를 권력자의 자손으로 나게 하지 않으시고
권력의 자리에 앉히지도 않으심을 감사합니다.
권력의 자리에 앉아 자신을 망각하고 신처럼 구느니
무력의 자리에서 자신을 제대로 보고
겸손하게 살아가는 것이 더 행복합니다.
권력으로 착각에 빠지지 않으니 감사하고
권력으로 눈이 가려지지 않으니 감사합니다.
이 복에 감사드립니다.

오, 아버지!
감사합니다.
저를 이렇게 낮게 하셔서
이렇게 행복하게 하시니!

그러나 아버지!

저는 좀 배웠다는 생각 때문에
배우지 못한 사람들의 아픔을 제대로 보지 못합니다.
저의 작은 배움이 제 눈을 멀게 했습니다.

제게 주어진 작은 명예 때문에
당신이 사랑하시는 작은 사람들의 고민을
이해하지 못합니다.
제 명예가 제 마음을 들뜨게 했습니다.

제게 주어진 목사직이
세상에서 고투하며 살아야 하는 성도들의 마음을
헤아리지 못하게 합니다.
성직 때문에 저는 성소 안에 갇혀 버렸습니다.

제게 주어진 교수직이
하루 벌어 하루 먹어야 하는 사람들,
땀 흘려 일하고 거친 손으로 밥 먹는 사람들의 아픔을
이해하지 못하게 합니다.

제 직업이 저를 고립시켰습니다.

이 모든 것은 하나님이 제게 주신 복입니다만,
저는 그것을 불행으로 만들었습니다.

아버지,
이 불행을 다시 행복으로 만들도록
저를 낮추어 주십시오.
제 눈을 열어 주시고,
제 마음을 녹여 주시고,
제 고립을 풀어 주십시오.
그 길을 제게 가르치시고
그 길을 걷도록 힘을 주십시오.
제가 걷겠습니다.

아버지!

주

시작하는 말
1) 대표적인 책을 몇 개만 들면 다음과 같다. 김동호, 「깨끗한 부자」(규장, 2001), 손경구, 「돈과 영적 성숙」(두란노, 2002), 베니 힌, 「부자가 되는 것은 하나님의 뜻입니다」(크레도, 2000), '돈' 문제를 구체적으로 다루지는 않지만, 같은 입장을 지지하는 베스트셀러 저자들로는 전병욱, 강준민, 이동원 등을 들 수 있다. 폭발적인 베스트셀러인 브루스 윌킨슨의 「야베스의 기도」(디모데, 2000) 역시 같은 입장을 지지한다. 이들은 모두 청부론을 지지하고 있다.
　　이들과 다른 입장에서 돈의 문제를 다루는 저자들도 있다. 황호찬, 「돈, 그 끝없는 유혹」(IVP, 1996), 자크 엘룰, 「하나님이냐 돈이냐」(대장간, 1991), 박철수, 「돈과 신앙」(예찬사, 2001), 리처드 포스터, 「돈, 섹스, 권력」(두란노, 1989), 로날드 사이더, 「가난한 시대를 사는 부유한 그리스도인」(IVP, 1998), 도널드 크레이빌, 「돈, 교회, 권력 그리고 하나님의 나라」(요단, 1991),
2) 오스 기니스. 「소명」(IVP, 2000), p. 13.

제1부 돈에 대해 반듯한 생각

1) 이 제목은 김동호 목사의 「깨끗한 부자」에서 빌렸다.

제1장 돈: 마음을 지배하는 것이 인생을 지배한다

1) 이것은 오스 기니스의 표현이다. 「소명」, p. 215를 보라.
2) 이것은 '경제 신학'을 표방한 한 책의 제목이다. Paul Zane Pilzer, *God Wants You to Be Rich* (Simon & Schuster, 1995).
3) 이것 역시 책 제목이다. William Davis, *It's No Sin to Be Rich* (Thomas Nelson, 1976), 이 책은 자본주의 체제에 대한 옹호론이다.
4) 오스 기니스. 앞의 책, p. 222. 강조는 원문에 있음.
5) 리처드 포스터. 「돈, 섹스, 권력」, p. 33.
6) 김동호. 「깨끗한 부자」, 7장을 보라.

제2장 부: 부는 진리를 못 보게 한다

1) 헤르만 몰데즈. 「가난과 부」(IVP, 1988), p. 2.
2) 이와 유사한 자료들은 해당 기구의 홈페이지에서 얻을 수 있다.
3) "한국일보". 2002년 2월 4일자, 11면.
4) 자크 엘룰. 「하나님이냐 돈이냐?」, p. 179.
5) 도널드 크레이빌. 「돈, 교회, 권력 그리고 하나님의 나라」, pp. 131-158.
6) 요아킴 예레미야스. 「비유의 재발견」(분도, 1991).
7) 크레이빌은 여섯째로 하나님은 대개 가난한 사람을 더 동정하시므로 부를 소유한다는 것은 하나님의 관심에서 멀어지게 할 수 있다고 말한다. 일리가 있는 말이기는 하나, 오해의 여지가 있으므로 이 항목은 포함시키지 않았다. 근본적으로 하나님은 모든 사람에게 관심을 두신다.

제3장 가난: 가난을 추구함으로 가난을 치유한다

1) '단순한 삶'에 대해서는 리처드 포스터. 「심플라이프」(규장, 2003)를 참고하라.

2) John Kenneth Galbraith, *The Affluent Society*(Houghton Mifflin, 1958), p. 236. 갈브레이드는 개인적인 능력의 문제 때문에 생긴 가난을 상황적 가난(case poverty)이라고 부른다.
3) 무함마드 유누스. 「가난한 사람들의 은행가」(세상사람들의 책, 2002), pp. 34, 302, 310.
4) 존 도미닉 크로산. 「역사적 예수」(한국기독교연구소, 2000)와 빌리 발트 뵈젠. 「예수 시대의 갈릴래아」(한국신학연구소, 2000)에서 갈릴리 경제에 대한 최근의 연구를 볼 수 있다.
5) 공자.「논어」, 里仁編.
6) 같은 책, 泰伯編.
7) Joseph Fletcher. *Moral Responsibility: Situation Ethics at Work* (Westminster, 1967), p. 188.
8) 공자, 앞의 책, 學而編.
9) 엠마뉘엘 수녀. 「풍요로운 가난」(마음산책, 2001), pp. 172-173.
10) John C. Haughey. *The Holy Use of Money*(Doubleday & Company, 1986), p. 12.
11) 헨리 나우웬. 「영혼의 양식」(두란노, 1977), 4월 3일, 4일.
12) 김동호.「깨끗한 부자」, p. 45, 한 원로 목사 사모가 한 말을 인용한 것이다.

제4장 복: 쌓음이 아니라 나눔에 있다

1) 이 문제에 대해서는 서인석, 「성서의 가난한 사람들」(분도, 1979)을 참고하라.
2) 오덕호. 「교회의 주인은 사람이 아니다」(규장, 2000), pp. 268-275.
3) 필립 얀시. 「내가 알지 못했던 예수」(요단, 1998), p. 205.

제2부 욕망으로부터 자유한 삶
제5장 욕망: 욕망은 치료하고 다스릴 대상이다

1) 막스 베버. 「프로테스탄티즘의 윤리와 자본주의 정신」(문예출판사, 1988), p. 53.

2) Reinhold Niebuhr. *The Nature and Destiny of Man*(Charles Scribner's Son, 1941), p. 234.
3) 같은 책, p. 240.
4) 로버트 펑크.「예수에게 솔직히」(한국기독교연구소, 1999), p. 318.
5) Dale C. Allison, *Jesus of Nazareth : Millenarian Prophet*(Fortress, 1998), p. 215.
6) 노자.「도덕경」, 12장.

제6장 기도: 기도의 본질은 자신을 비우는 데 있다

1) 이재철.「믿음의 글들, 나의 고백」(홍성사, 1992), p. 45.
2) 인생 지침서의 고전으로 자리잡은「성공하는 사람들의 일곱 가지 습관」(김영사)에서 스티븐 코비(Stephen Covey)가 이미 지적한 '윈윈 게임'(Win-Win Game)이 그런 것이다.
3) 브루스 윌킨슨.「야베스의 기도」, p. 36.
4) 같은 책, p. 124.
5) 이 문제에 대해서는 이미 제임스 멀홀랜드(James Mulholland)가 잘 설명해 놓았다. 그의 책「예수님처럼 기도하라」(엔크리스토, 2001)를 참고하라.
6) 브루스 윌킨슨. 앞의 책, pp. 38-41.
7) 같은 책 p. 22.
8) 강준민.「강청 기도의 능력」(두란노, 2002), p. 68.

제7장 자유: 자유는 섬김으로 완성된다

1) 김동호.「깨끗한 부자」, p. 133.
2) 같은 책, p. 136.
3) 같은 책, pp. 139-144.
4) 같은 책, pp. 144-146.
5) 황호찬.「돈, 그 끝없는 유혹」, p. 48.
6) C. S. 루이스「스크루테이프의 편지」(홍성사, 2000), p. 125.
7) Martin Luther의 논문, "The Freedom of a Christian"에서 인용.

제8장 절제: 절제는 성령의 열매다
1) 킴 코머.「선다싱을 만나다」(IVP, 2002), p. 194.
2) 크레이빌.「돈, 교회, 권력 그리고 하나님 나라」, p. 160.
3) 로날드 사이더.「가난한 시대를 사는 부유한 그리스도인」, pp. 275-279.

제3부 나눔으로 행복한 삶
제9장 절약: 그리스도인은 영원한 오늘에 산다
1) 이재철 목사가 그 예다.「믿음의 글들, 나의 고백」, p. 160.
2) 달라스 윌라드.「하나님의 모략」(복있는사람, 2001), p. 353.
3) 자크 엘룰.「하나님이냐 돈이냐」, p. 134.
4) 노자.「도덕경」, 29장.
5) 자크 엘룰. 앞의 책, p. 135.
6) Albert C. Outler & Richard Heitzenrater(ed.), *John Wesley's Sermon*(Abingdon, 1991), pp. 347-357.
7) 브루스 윌킨슨.「야베스의 기도」, p. 47.
8) 그리스도인의 투자 지침에 대해서는 청부론을 설파하는 설교자들보다 오히려 황호찬 교수의 제안이 훨씬 더 복음적이다. 황호찬,「돈, 그 끝없는 유혹」, pp. 179-197.

제10장 나눔: 혼자만의 행복은 없다
1) 엠마뉘엘 수녀.「풍요로운 가난」, pp. 181-182.
2) 김동호.「깨끗한 부자」, p. 141.

제11장 행복: 소유가 아니라 존재요 관계다
1) Albert Schweitzer. *Out of My Life and Thought*(Henry Holt and Company, 1933), p. 84.
2) William Leach, *Land of Desire: Merchants and the Rise of a New American Culture*(Columbia, 1980).
3) 로날드 사이더.「가난한 시대를 사는 부유한 그리스도인」, 11장.

4) 같은 책, p. 342.

제4부 하나님의 의를 이루는 섬김
제12장 직업: 모든 직업은 성직이다
1) 도널드 크레이빌. 「돈, 권력, 교회 그리고 하나님 나라」, p. 163.
2) 같은 책, p. 193.
3) Anthony de Mello. *Awakening* (Loyola Press, 1998), p. 115.
4) Dorothee Soelle and Shirley A. Cloyes, *To Work and To Love:* A *Theology of Creation* (Fortress, 1984), 「사랑과 노동」(한국신학연구소 역간). 여기서는 원문을 인용했음.
5) Herman E. Daly and John B. Cobb. *For the Common Good* (Beacon, 1989), pp. 164-165.
6) 폴 스티븐스. 「21세기를 위한 평신도 신학」(IVP, 2001), p. 139.
7) 폴 마샬은 이 땅에서의 천국의 삶에 대해 구체적으로 안내해 준다. 「천국만이 내 집은 아닙니다」(IVP, 2000)를 참고하라.
8) Soelle and Cloyes. 앞의 책, pp. 96-97.
9) 폴 마샬도 이런 표현을 썼다. 앞의 책, p. 100.
10) 오스 기니스. 「소명」, p. 68.

제13장 섬김: 군림이 아니라 섬기는 능력을 구한다
1) 나는 이 점에서 김동호 목사의 주장에 전적으로 찬성한다. 「생사를 건 교회 개혁」(규장, 1999)을 보라.
2) 황호찬. 「돈, 그 끝없는 유혹」, p. 76.
3) 리처드 포스터. 「돈, 섹스, 권력」, pp. 248-249.
4) 헨리 나우웬. 「영혼의 양식」, 6월 28일.
5) C. S. 루이스. 「스크루테이프의 편지」, p. 105.
6) Anthony de Mello. *Awakening*, p. 239.
7) Jimmy Carter. *Sources of Strength* (Times Books, 1977), p. 64.

제14장 정의: 실력대로 차지한다고 항상 정의는 아니다
1) 기독교대한감리회 홈페이지 목회자 게시판에 실린 이면주 목사의 기도문이다.
2) 그 예를 이재철 목사의 자전적 이야기에서 볼 수 있다. 「믿음의 글들, 나의 고백」. 황호찬 교수는 홀리데이인의 창업자인 월튼(Walton)의 '실패처럼 보이는 성공'의 사례를 제시한다. 「돈, 그 끝없는 유혹」, pp. 100-105.
3) 도널드 크레이빌. 「돈, 교회, 권력 그리고 하나님 나라」, pp. 305-306.
4) 같은 책, p. 307.
5) 양명수. 「기독교 사회정의론」(한국신학연구소, 1997), pp. 280-288.

제5부 세상을 바꾸는 참된 힘
제15장 힘: 약한 것이 강한 것을 이긴다
1) 이병한 교수의 비유다. 이병한 편, 「가난한 부자」(솔, 2000), p. 166.
2) 황호찬. 앞의 책, p. 17.
3) 필립 얀시. 「내가 알지 못했던 예수」(요단, 1998), p. 408.
4) 김영봉. 「신약성서이해」(성서연구사, 1995), 14장.
5) 대형 교회로서 힘의 논리에 속지 않으려는 좋은 시도를 다음의 책에서 볼 수 있다. 이재철, 「회복의 목회」(홍성사, 1998).

제16장 변혁: 사회 체제에 순응하는 복음은 죽은 것이다
1) 베버. 「프로테스탄티즘의 윤리와 자본주의 정신」, p. 141.
2) 자크 엘룰. 「하나님이냐 돈이냐」, p. 33.
3) 스콧 니어링. 「스콧 니어링 자서전」(실천문학사, 1999).
4) 김동호. 「깨끗한 부자」, pp. 184-185.
5) Os Guinness. *Doing Well and Doing Good: Money, Giving, and Caring in a Free Society*(NavPress, 2001), p. 88.
6) 헨리 데이비드 소로우. 「월든」, p. 88.
7) John Howard Yoder. *The Politics of Jesus*(Eerdmans, 1994),

p. 32.
8) C. S. 루이스. 「스크루테이프의 편지」, p. 91.

제17장 실천: 주님은 삶의 모든 영역에 관심하신다
1) John Kenneth Galbraith. *The Good Society*(Houghton Mifflin Company, 1996), p. 3이하, 「좋은 사회」(영림 카디널 역간). 인용은 원문에서 함.
2) 오스 기니스. 「소명」, p. 260.
3) 칼린디. 「명상과 혁명: 비노바 바베」(실천문학사, 2000),
4) Adam Daniel Finnerty. *No More Plastic Jesus*(Orbis Books, 1977), p. 97.

마치는 말
1) Andrew Linzey. *Animal Gospel*(Westminster John Knox Press, 1998), p. 78.
2) C. S. Lewis. 「고통의 문제」(홍성사, 2002), pp. 11-12.

참고 도서

다음의 참고 도서 목록은 본문에서 추천한 것과 인용한 것들에 국한했다. 관심 있는 독자들을 위해 간단한 설명을 첨부한다. 이 책이 본격적인 학문서가 아니므로 관련된 참고 문헌들을 모두 소개하지 않았다. 양해를 바란다.

- 강준민. 「강청 기도의 능력」(두란노, 2002). 결사적인 강청 기도가 여러 가지 문제들을 해결한다는 주장을 담은 설교집. 내가 쓴 「사귐의 기도」와 여러 가지 면에서 대조를 이룬다.
- 공자. 「논어」. 유교의 청빈 사상에 대해 볼 수 있는 대표적 동양 고전.
- 김동호. 「깨끗한 부자」(규장, 2001). 최근 청부론 바람을 일으키는 데 가장 큰 공헌을 한 책. 그리스도인의 경제 윤리에 대해 탁월한 제안을 많이 제시하지만 문제점도 많이 내포하고 있다.
- 김영봉. 「사귐의 기도」(IVP, 2002). 저자 자신의 영적 고민과 실험을 바탕으로 쓴 기도에 대한 이론적·실천적 안내서. '하나님의 영과의 사귐'이라는 정의에 기초하여 한국 교회의 기도 관행을 비판적으로

분석하고 대안을 제시한다. 개인 기도에 대한 실제적인 안내서로서 기도에 어려움을 느끼고 있는 사람들에게 돌파구를 열어 줄 것이다.
- _____.「신약성서이해」(성서연구사, 1996). 20세기에 이룬 학문적 연구 결과를 신앙 공동체의 삶에 도움이 되도록 소개한 개론서.
- 김진홍.「새벽을 깨우리로다」(홍성사, 1981). 김진홍 목사의 초기 '나눔의 목회' 이야기.
- 김흥호 풀이.「다석일지공부」(솔, 2001). 한국 현대사에 독보적인 자취를 남긴 다석 유영모의 일지를 해설한 책. 진리에 대한 다석의 뜨거운 심령을 느낄 수 있다.
- 노자.「도덕경」. 현대에 이르러 그 지혜의 진가를 재평가받고 있는 동양 고전.
- 박철수.「돈과 신앙」(예찬사, 2001). 국내 저자로는 보기 드물게 나눔의 책임과 단순한 생활의 필요성을 강조한다. 저자 자신이 고백하듯 자크 엘룰의 영향을 많이 받았다.
- 서인석.「성서의 가난한 사람들」(분도, 1979). 성경에서 '가난' 혹은 '가난한 자'가 어떻게 묘사되고 있는지를 연구한 책으로서 성서학 연구의 고전으로 자리잡았다.
- 손경구.「돈과 영적 성숙」(두란노, 2002). 영적 건강을 위해 돈을 어떻게 다룰 것인가를 안내한 실천적 가이드. 청부론을 지지한다.
- 양명수.「기독교 사회정의론」(한국신학연구소, 1997). 기독교 사회 윤리에 대한 글을 모은 책. 경제 윤리에 대한 입장이 명쾌하다. 학문적인 책이지만 일반 독자가 읽기에도 어렵지 않다.
- 오덕호.「교회의 주인은 사람이 아니다」(규장, 2000). 현재 교회에서 통용되고 있는 온갖 오해들을 조목 조목 설명한 책. 청부론에 대한 비판도 담겨 있다.
- 이병한.「가난한 부자」(솔, 2000). 동양 고전에서 인생의 지침이 될 만한 명언들을 뽑아 번역하고 해설한 책.
- 이재철.「믿음의 글들: 나의 고백」(홍성사, 1992). 항공회사 '홍성통상'의 설립에서부터 기독교 전문 출판사 '홍성사'가 있기까지의 우여곡절을 서술한 이재철 목사의 자전적 글. 경제 윤리에 대한 논리

적 주장은 없지만, 한 그리스도인 사업가의 변화 과정을 통해 기독교 경제 윤리에 대한 지침을 얻을 수 있다.
- _____. 「회복의 목회」(홍성사, 1998). 「믿음의 글들: 나의 고백」의 후편이라 할 수 있는 자전적 글. '주님의 교회'를 시작하면서부터 10년 만에 사임하기까지의 과정이 서술되어 있다. 한 그리스도인 그리고 한 대형 교회가 자본주의 사회 안에서 '탁월성'을 유지하면서도 상업화와 물신 숭배의 유혹에 빠지지 않으려는 치열한 몸부림을 볼 수 있다.
- 조호진. 「압살롬, 뒤틀린 영성의 길」(홍성사, 2002). 하나님이 주신 비전과 자기 야망이 얼마나 혼동되기 쉬우며, 그렇게 혼동한 결과가 얼마나 참담한지를 압살롬의 이야기를 통해 설명한다.
- 한국신약학회 편, 「신약성서의 경제윤리」(한들, 1999). 아시아의 네 마리 용 중 하나로 인정받던 한국 경제가 IMF의 관리 체제로 전락한 시기 신약학자들이 편찬한 학문적 연구서.
- 황호찬. 「돈, 그 끝없는 유혹」(IVP, 1996). 한 경제학자의 기독교적 경제 윤리론. 저자는 경제학자인 동시에 신학을 공부했기 때문에 탄탄한 경제 이론과 신학 이론의 바탕에서 실질적인 지침을 제시한다. 자본주의 사회가 선전하는 여러 가지 거짓 선전들의 이면을 폭로하고 그리스도인으로서 바르게 살아갈 수 있는 대안을 제시한다.
- Allison, Dale C. *Jesus of Nazareth: Millenarian Prophet*(Fortress, 1998). 최근 학자들은 예수님의 종말론을 평가 절하하려는 경향을 보인다. 앨리슨은 이 흐름 안에서 독보적인 목소리를 드높인다.
- Artherburn, Stephen. 「사명, 돈, 의미」(낮은울타리, 2000). 그리스도인이 경제적인 문제와 직업의 문제를 어떻게 다루어야 하는지를 설명한 실제적인 안내서.
- Kalindi, Marjorie Sykes. 「명상과 혁명: 비노바 바베」(실천문학사, 2000). 인도의 정신적 지도자이자 정치가였던 비노바 바베의 일대기를 엮은 책으로서, 가난의 문제를 해결하기 위한 비노바 바베의 열정을 잘 그려 놓았다. 영성과 사회 문제가 분리될 수 없음을 웅변한다.

- Carter, Jimmy. *Sources of Strength* (Times Books, 1997). 2002년 노벨 평화상 수상자인 지미 카터의 성경 묵상집이다. 이 글들은 그가 평생 해 오고 있는 주일학교 교육을 위해 준비한 것들이다. 그의 풍성한 경험이 성경의 진리를 구체적으로 적용하도록 돕는다.
- Comer, Kim. 「선다싱을 만나다」(IVP, 2002). 동양에서 배출한 최고의 기독교 영성가인 선다 싱의 생애와 우화를 엮은 책. 나눔, 섬김, 가난 등에 대한 통찰이 많이 담겨 있다.
- Covey, Stephen. 「성공하는 사람들의 일곱 가지 습관」(김영사, 1994). 리더십의 고전으로 자리잡은 책. 그 동안 성공론을 다룬 책들이 너무 지나치게 승리주의적으로 흐름으로써 원칙과 덕성과 윤리를 무시했는데, 코비는 이 점에서 차별성을 보인다. 그는 기독교 정신을 표방하지 않지만 그가 제시하는 지침들은 기독교적 삶의 원리들을 담고 있다.
- Daly, Herman. & John Cobb, Jr. *For the Common Good: Redirecting the Economy Toward Community, the Environment, and a Sustainable Future* (Beacon, 1989). 경제 전문가와 신학자가 건전하고 정의로운 경제 체제에 대해 논의하고 있는 책.
- de Mello, Anthony. *Awakening* (Loyola Press, 1998). 가톨릭 수사이자 동양 사상가인 앤서니 드 멜로의 종교적 우화집. 생각을 깨워 일으키는 이야기들이 가득하다.
- Dolto, Franscois. 「정신분석학의 위험 앞에 선 기독교 복음」(다산글방, 1999). 프랑스 정신분석학자 돌토는 기독교 복음을 융의 심리학적 시각에서 설명한다. 교리의 틀을 자주 넘어서지만, 새로운 깨달음을 많이 얻을 수 있다.
- Ellul, Jacques. 「하나님이냐 돈이냐?」(대장간, 1991). 엘룰의 글이 항상 그렇듯, 기존의 사고를 뒤집어엎고 새로운 비전에 가슴 부풀게 하는 책이다.
- Emmauelle. 「풍요로운 가난」(마음산책, 2001). 가난의 경험을 통해 가난의 본질을 잘 말해 주는 책. 편안하게 읽을 수 있는 책이나 내용은 그렇게 편안하지 않다.

- Finnerty, Adam Daniel. *No More Plastic Jesus*(Orbis Books, 1977). 거시적 안목에서 인류의 문제를 파악하고 그리스도인들의 책임적 삶의 방식을 서술한 책. 미국에서는 이 분야의 고전으로 꼽히는 책이다.
- Fletcher, Joseph. *Moral Responsibility: Situational Ethics at Work*(Westminster, 1967). 최근 논란이 되었던 '상황 윤리'에 대한 대가의 사상을 볼 수 있다. 상황 윤리에 관한 주장을 인정하든 안 하든, 그의 책은 읽어볼 가치가 충분하다.
- Foster, Richard. 「돈, 섹스, 권력」(두란노, 1989). 기독교 영성 분야에 있어 이미 대가로 자리잡은 포스터는 이 책에서 인간의 근본적인 세 가지 욕망을 잘 파헤쳤다.
- _____ . 「심플라이프」(규장, 2003). 포스터의 초기 작품으로서 단순한 삶에 대한 깊은 성찰이 담겨 있다.
- Fromm, Erich. 「소유냐 존재냐」(범우사, 1999). 현대인이 빠져 있는 '소유 양식'의 삶의 방식을 비판하면서 '존재 양식'으로 돌아갈 것을 권하는 책. 존재 양식의 삶에 대한 프롬의 비전은 성경의 비전에 가까이 있다.
- Funk, Robert. 「예수에게 솔직히」(한국기독교출판사, 1999). '예수 세미나'(Jesus Seminar)를 창립하여 전 세계적으로 논란을 일으키고 있는 예수 연구서. 논쟁거리도 많지만, 그리스도인으로서 고민해 볼 만한 문제들을 제시한다.
- Galbraith, John Kenneth. *Money: Where It Came, Where It Went* (Houghton Mifflin Company, 1975). 세계적 경제학자 갈브레이드가 돈의 기원과 역사를 논하며 그 본질을 규명하고 있다.
- _____ . *The Good Society*(Houghton Mifflin Company, 1996). 경제학자인 필자가 자본주의의 병폐를 고쳐 인간적인 사회로 발전시키기 위한 '완전하지는 않지만 실현 가능한' 제도에 대해 논의하고 있다. 「좋은 사회」(영림 카디널 역간).
- _____ . *The Culture of Contentment*(Houghton Mifflin Company, 1992). 미국 시민들이 경제적인 풍요를 누리면서 만족감에 대한 의

식이 어떻게 형성되었는지를 논하고 있다. 만족감에 대한 잘못된 사고가 사회적으로 얼마나 위험한지를 잘 지적하고 있다.

- _____. *The Affluent Society*(Houghton Mifflin Company, 1958). 가난과 부의 문제를 경제적, 사회적 시각에서 분석한 책.「풍요한 사회」(현대사상사 역간).
- Gandhi, Mohandas.「날마다 한 생각」(호미, 2000). 간디가 한 제자에게 하루 한두 문장의 짧은 묵상을 적어 보낸 것을 묶어 책으로 냈다. 간디의 진리파지(眞理把持) 정신을 잘 읽을 수 있다.
- Gonzalez, Justo. *Faith and Wealth*(Harper & Row, 1990). 유명한 기독교 역사가 곤잘레스는 이 책에서 구약으로부터 근대에 이르기까지 신앙과 돈의 문제를 어떻게 논의해 왔는지 소개한다. 내가 이 책에서 제안한 경제적 비전이 기독교 역사를 통해 면면히 이어지고 있음을 확인할 수 있다.
- Guiness, Os.「소명」(IVP, 2000). 제목은 마치 직업관에 대한 글인 것 같은 느낌을 주지만, 현대 사회 안에서의 그리스도인의 삶의 모든 문제를 다루고 있다. 저자는 기독교 변증가이지만, 정치학, 사회학, 경제학, 심리학, 대중 문화 등에 대한 놀라운 식견을 보여 준다.
- _____. *Doing Well and Doing Good: Money, Giving, and Caring in a Free Society*(NavPress, 2001). 그리스도인이 현대 자본주의 사회에서 청지기의 역할을 어떻게 제대로 감당할 수 있는지에 대해 논의한 책. 특히 동서양의 대표적 사상가들의 글을 발췌하고 그것에 대해 해설하는 방식으로 주장을 펼치고 있다.
- Haughey, John C. *The Holy Use of Money*(Doubleday, 1986). 현대 자본주의 사회에서 하나님의 뜻에 맞는 경제 생활의 원리를 이론적으로 그리고 실천적으로 접근한 책이다.
- Jeremias, Joachim.「비유의 재발견」(분도, 1991). 예수님의 비유를 유대적 배경에 비추어 해설한 책으로서 이 분야의 고전이다. 학문적인 성격의「예수의 비유」를 일반 독자를 위해 쉽게 풀어 썼다.
- Kraybill, Donald.「돈, 교회, 권력 그리고 하나님의 나라」(요단, 1991). 메노나이트파에 속한 학자답게 복음의 전복적 성격을 명료

하게 파악하고, 현대 자본주의 사회의 병폐를 파헤친다. 전복적 성격의 복음을 구체적으로 일상 생활에 적용하는 문제를 진지하게 다루고 있다. 미국에서는 이 분야의 고전으로 자리잡은 책인데, 한국 독자들에게는 주의를 끌지 못했다.

- Leach, William. *Land of Desire*: Merchants and the Rise of a New American Culture(Columbia, 1980). 미국 자본주의의 병폐를 날카롭게 분석한 책.
- Lewis, C. S.「고통의 문제」(홍성사, 2002). 인간의 고통이 어디에서 연유했는지를 치밀하게 분석한 책으로서 인간의 타락한 본성을 이해하는 데 도움을 준다.
- _____ .「스크루테이프의 편지」(홍성사, 2000). 스크루테이프라는 이름의 사탄이 조카 사탄 웜우드에게 보낸 편지 형식의 우화. 루이스는 인간이 참된 신앙에 이르지 못하도록 방해하는 여러 가지 거짓 이론에 대해 역설적 방식으로 설명한다.
- Linzey, Andrew. *Animal Gospel*(Westminster John Know Press, 1998). 기독교 복음을 제대로 이해하고 받아들인다면 동물에 대한 학대를 용인할 수 없다고 주장한다. 동물에 대한 관심이 기독교 복음의 핵심에 속한다는 사실을 여러 각도에서 조명한다.
- Luther, Martin.「루터 저작선」(크리스찬다이제스트, 1994). "그리스도인의 자유"라는 명 논문이 포함된 루터 저작집.
- Marshall, Paul.「천국만이 내 집은 아닙니다」(IVP, 2000). 직장 생활과 일상 생활의 모든 면에서 하나님의 소명을 위해 사는 방법을 안내한 책.
- Moldez, Herman.「가난과 부」(IVP, 1988). 가난과 부의 문제를 성경의 시각에서 설명한 소책자. 간략하지만 성경의 핵심을 잘 정리해 주었다.
- Mulholland, James.「예수님처럼 기도하라」(엔크리스토, 2001). 윌킨슨의「야베스의 기도」에 대한 비판적 응답으로 쓰여졌다. 주기도문에 담긴 예수님의 기도 신학을 소개한다. 윌킨슨의 책을 읽은 사람들은 균형을 잡기 위해서라도 이 책을 읽기 바란다.

- Neering, Scott. 「스콧 니어링 자서전」(실천문학사, 1999). 최근 그의 자서전과 아내 헬렌 니어링(Helen Neering)의 글이 소개되면서 많은 이들의 관심을 끌고 있다. 스콧 니어링은 당시에도 급진적인 사상 때문에 정부로부터 박해를 받았지만, 그의 사상과 삶의 가치가 오늘날 새로운 조명을 받고 있다. 사회의 선전에 속지 않고 참된 삶을 살아가려는 치열한 정신을 배울 필요가 있다.
- Helen & Scott Neering. 「조화로운 삶」(보리, 2000). 두 사람이 버몬트에서 소박하고 단순하게 자급적인 삶을 살아간 과정을 서술한 책. 건강한 삶의 방법이 제시되어 있다.
- Niebuhr, Reinhold. *The Nature and Destiny of Man* (New York: Charles Scribner's Son, 1941). 인간의 본성에 대한 신학적 연구의 고전.
- Nouwen, Henri. 「영혼의 양식」(두란노, 1977). 한국 독자들에게 가장 사랑받는 나우웬의 묵상집.
- Outler, Albert & Richard Heitzenrater(ed.). John Wesley's Sermon(Abingdon, 1991). 요한 웨슬리의 대표 설교집. 우리말로 번역된 설교들이 많이 있다.
- Sansot, Pierre. 「느리게 산다는 것의 의미」(동문선, 1998). 가난한 삶의 정신과 일맥 상통하는 느림의 철학을 평이하게 잘 설명한다. 느림의 삶은 경건한 삶의 외형적인 모습이다.
- Schweitzer, Albert. *Out of My Life and Thought* (Henry Holt and Company, 1933). 알버트 슈바이처의 자서전으로 그가 신앙적 책임을 다하기 위해 얼마나 많은 것을 버렸는지를 볼 수 있다. 그의 행동 동기에 대해 논란이 많지만, 여전히 그는 자신의 부름에 대해 항상 성실하고 진실하려 했던 한 모델로 남아 있다.
- Sider, Ronald. 「가난한 시대를 사는 부유한 그리스도인」(IVP, 1998). 이 책도 미국에서 하나의 고전으로 자리잡은 책이다. 크레이빌의 사상과 보조를 같이 한다. 다만 사이더의 책은 좀더 실천적으로 접근하고 있다는 점이 다르다. 사회과학적 연구을 바탕으로 기독교적 경제 윤리를 피력한다.

- Soelle, Dorothee. *To Work and To Love: A Theology of Creation* (Fortress, 1984). '노동 신학'의 대가인 도로테 죌레의 역작 「사랑과 노동」(한국신학연구소 역간).
- Stevens, Paul. 「21세기를 위한 평신도 신학」(IVP, 2001). 평신도는 세속 안에 임명받은 성직자라는 시각에서 평신도 사역의 의미를 서술한다.
- Thoreau, Henry David. 「월든」(이레, 1993). 두말이 필요 없는 고전. 가난, 노동, 자연, 아름다움 등에 대한 저자의 깨어 있는 생각이 독자를 매료시킨다.
- Tolstoi, Lev Nikolaevich. 「너 자신을 진정으로 사랑하여라」(책이 있는 마을, 1999). 톨스토이가 엮은 매일 묵상집으로 하루 한 가지 주제에 대해 여러 사상가들의 글을 엮고 자신의 생각을 곁들인다. 톨스토이의 신앙과 사상의 결정체를 만날 수 있다. 최근 나오는 부드러운 묵상집들과는 다른 점이 있다.
- Yancey, Philip. 「내가 알지 못했던 예수」(요단, 1998). 저자의 영적 순례기 같은 책. 그는 예수님에 대한 견해가 어떻게 변화해 왔는지를 자서전적으로 서술하면서 예수님의 참 모습을 제시하려고 노력한다. 저널리스트답게 다양한 이야기를 곁들이면서도 예수님의 정신의 핵심을 제시한다.
- Yoder, John Howard. *The Politics of Jesus*, 2nd ed. (Eerdmans, 1994). 메노나이트파의 신학자로서 예수님의 희년 정신에 기초하여 기독교인의 삶의 양식을 설명한다. 예수님의 비폭력 원칙과 급진적 평등주의를 강조한다.
- Yunus, Muhammad. 「가난한 사람들을 위한 은행가」(세상사람들의 책, 2002). 방글라데시의 그라민 은행을 빈곤 퇴치의 한 모델로서 제시한 책. 가난 문제에 대한 냉철한 분석과 문제 해결을 위한 구체적 제안이 담겨 있다. 뿐만 아니라, 저자를 비롯한 여러 사람들의 헌신과 신념을 읽을 수 있다.
- Weber, Max. 「프로테스탄티즘의 윤리와 자본주의 정신」(문예출판사, 1988). 경제학과 사회학 그리고 신학의 고전. 프로테스탄트의 정

신과 자본주의 발흥의 상호적인 관계를 잘 설명하고 있다.
- Willard, Dallas. 「하나님의 모략」(복있는사람, 2001). 산상 설교를 기초로 하여 그리스도인의 바른 삶의 비전을 제시한다.
- Wilkinson, Bruce. 「야베스의 기도」(디모데, 2001). 미국 교계에 청부론 바람을 불러일으킨 작은 책. 많은 사람들이 '작은 책의 기적'이라고 말하지만, 이것은 하나님의 기적이 아니라 인간의 욕망을 교묘하게 자극함으로 만들어 낸 기적이다.
- 국제 NGO 포럼. 「50년이면 충분하다」(아침이슬, 2000). 이 책은 세계 은행(IMF)과 세계 시장 경제가 어떻게 제3세계 가난한 나라들의 경제적 환경을 지속적으로 악화시켜 왔는지를 밝혀준다. 현재 세계를 지배하고 있는 자본주의 체제가 얼마나 부조리한지를 잘 알 수 있다.

지은이 김영봉은 충남대학교에서 경영학, 감리교신학대학교 대학원에서 신학, 미국 SMU와 캐나다 McMaster University에서 신약학으로 석사와 박사 학위를 받았다. 감리교회에서 목사 안수를 받았고, 다양한 목회 활동과 선교 활동에 첨여해 왔다. 협성대학교에서 신약 신학을 가르친 바 있으며, 2002년에는 미국 Drew 대학교의 방문 교수를 지냈다. 현재 와싱톤사귐의 교회를 섬기고 있다.

「사귐의 기도」, 「사귐의 기도를 위한 기도선집」, 「숨어 계신 하나님」, 「사랑하는 사람은 누구나 아프다」, 「가장 위험한 기도, 주기도」, 「팔레스타인을 걷다」, 「사람은 가도 사랑은 남는다」(이상 IVP), 「마태복음주석」(대한기독교서회), 「신약성서이해」(성서연구사), 「예수의 영성」(은성), 「누가복음 새로 읽기」(한들) 등의 저서와 다수의 역서를 냈다.

바늘귀를 통과한 부자

초판 발행_ 2003년 2월 19일
초판 24쇄_ 2024년 9월 10일

지은이_ 김영봉
펴낸이_ 정모세

펴낸곳_ 한국기독학생회출판부
등록번호_ 제2001-000198호(1978.6.1)
주소_ 04031 서울시 마포구 동교로 156-10
대표 전화_ (02)337-2257 팩스_ (02)337-2258
영업 전화_ (02)338-2282 팩스_ 080-915-1515
홈페이지_ http://www.ivp.co.kr 이메일_ ivp@ivp.co.kr
ISBN 978-89-328-4028-4

ⓒ 김영봉 2003

책값은 뒤표지에 있습니다.
무단 전재와 복제를 금합니다.